はじめに

この本は，英語が苦手だと感じていたり，これか
いと思っていたりする人たちのために作られました

英語を学んでいるうちに，よく理解できない部分が少しずつ増えていくのは，誰にでも経験があることです。そのような場合に，苦手な単元をふり返って，学ぶべき内容をきちんと理解できたら，英語の実力は確実に向上していきます。

また，これから新しい内容を学ぼうとする人たちにとっては，学ぶべき内容が明確に見てとれることが大切です。多くの単元内容の中で，最も重要で，確実に理解しておかなければならない事柄を無理なく把握できれば，学習は着実に進んでいきます。

そのために，この本は，それぞれの単元で最も基本的で重要な部分をむだなく学習できるように作られています。各単元においてまず把握するべき内容がわかりやすい形で左ページにまとめてあります。さらに，学んだ内容を理解しやすい標準的な例文で効率よく練習できるように，右ページに練習問題が配してあります。

これらの特長をよく理解して，普段の学習に役立ててください。

英語学習のポイントは，学ぶべき内容をはっきりと理解しつつ，実際に自分で使ってみるということです。それも，細かな部分にとらわれるのではなく，一番基本となる部分を正しく学習し続けることが大切です。そのような学習を続けることによって，自然と英語が身につき，自分の英語力が次第に向上していくのを実感することができるでしょう。

現在のわれわれの世界では，英語を用いる必要性が日々高まっています。単に学習のためだけでなく，よりよい生活を送ったり，将来の職業で使用したりするためにも，英語の力を大きく伸ばしておかなければなりません。この本がそのようなみなさんのお役に立てることを願っています。

しくみと使い方

❶ 1回の単元の学習内容は2ページです。

その単元で学習する要点をまとめています。学習を始める前に確認しておきましょう。

学習する内容を説明しています。文章の途中にある空所をうめましょう。
答えは右ページのいちばん下にのせています。

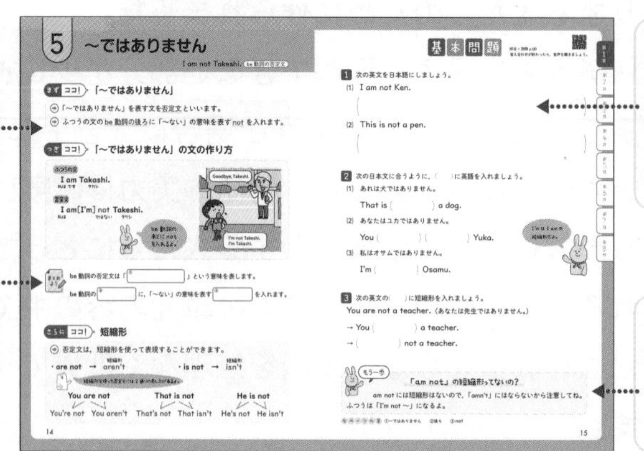

左ページで学習したことをもとにして，解いてみましょう。答えは，別冊「解答」にのせています。

より理解を深めるための内容やまちがえやすいポイントなどをのせています。

❷ 数単元ごとに，学習の内容を理解したかどうか確かめるための「確認テスト」があります。

まちがえた問題は，前のページに戻って，もう一度確認しましょう。

QRコードを読み取ると，英文の音声を聞くことができます。本書の画像のグレー部分をタッチして音声を再生してください。

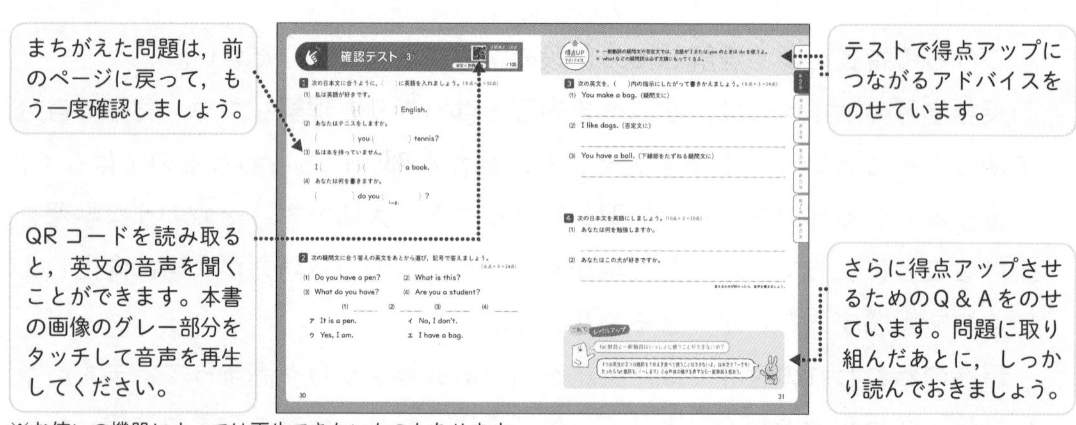

テストで得点アップにつながるアドバイスをのせています。

さらに得点アップさせるためのQ＆Aをのせています。問題に取り組んだあとに，しっかり読んでおきましょう。

※お使いの機器によっては再生できないものもあります。
通信費はお客様負担になります。

❸ 巻末にある「会話表現編」で会話特有の表現方法も学習することができます。

❹ 基本問題・確認テスト・会話表現編・実力テストの答えは別冊「解答」にのせています。

目次

1

第1章

私は～です

I am Mami. 〔I am ～.〕

まず ココ! 「私は～です」

➡「私は～です」と自己紹介(しょうかい)するときは，〈I am[I'm] ～.〉の形になります。

➡ I am は，I'm と短縮することができます。

つぎ ココ! 「私は～です」の文の作り方

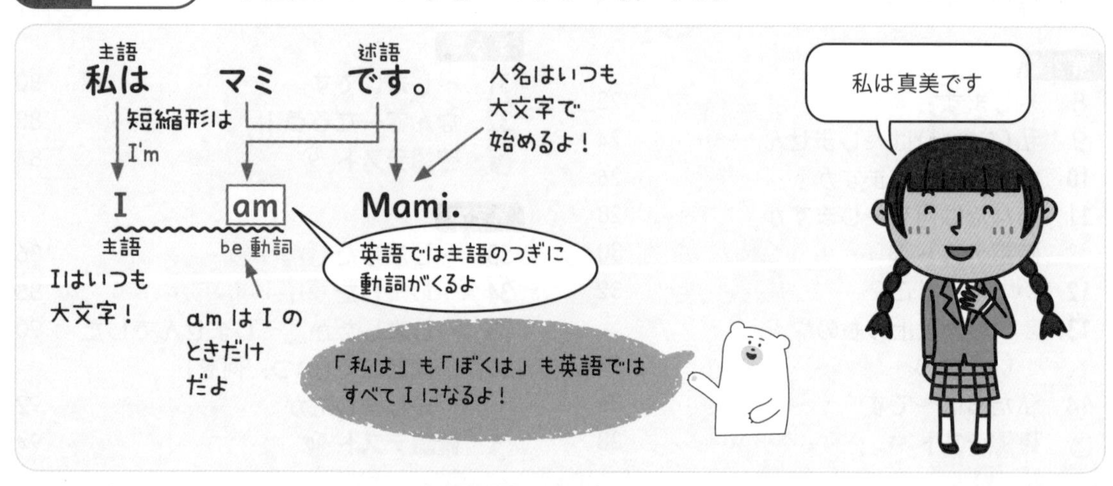

まとめよう

「…は～です」というときの「…は」にあたることばを，①[　　　]といいます。

②[　　　]動詞 am は，「～です」という意味があります。

さらに ココ! 出身を表す〈be 動詞＋ from〉

➡「私は～です」は，I am[I'm] ～. の形になります。

➡「私は～出身です」と出身地をいうときは，I am[I'm] from ～. の形になります。

I am a student.

主語　主語を説明する語句

〈be 動詞＋ from ～〉＝～出身です

I am from America.

～から

I と student は同じ人だよ！

アメリカ出身です

基本問題

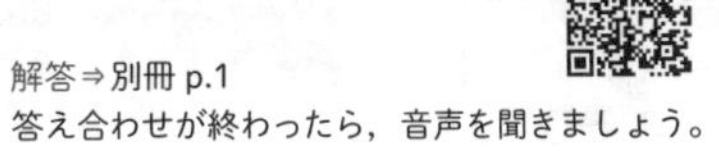
解答⇒別冊 p.1
答え合わせが終わったら，音声を聞きましょう。

1 次の英文を日本語にしましょう。

(1) I am Ken.

(　　　　　　　　　　　　　　　　　　　　)

(2) I'm from Okinawa.

(　　　　　　　　　　　　　　　　　　　　)

2 次の日本文に合うように，(　　)に英語を入れましょう。

(1) 私は生徒です。

(　　　　)(　　　　) a student.

(2) 私はアメリカ出身です。

(　　　　)(　　　　) America.

(2)は I am の短縮形を用いるよ。

3 次の日本文に合うように，[　　]内の単語を並べかえましょう。

(1) 私は先生です。

[am / a / I / teacher / .]

____

(2) 私は日本出身です。

[from / am / Japan / I / .]

____

もう一歩

a，an って何？

英語では，数がはっきりと分かる場合には a，an（1人，1つ）や，two（2人，2つ）などの数を，名詞の前につけなければならないんだよ。ただし，地名，国名，人名などのようにたった1つしかないものには，a，an をつけないよ。

左ページの答　①主語　②be

2 あなたは～です

You are a teacher. You are ～.

まず ココ! 「あなたは～です」

➡「あなたは～です」というときは，〈**You are[You're] ～.**〉の形になります。

➡ You are は，**You're** と短縮することができます。

つぎ ココ! 「あなたは～です」の文の作り方

まとめよう 「あなたは～です」というときは，① ＿＿＿ are ～. の形になります。

短縮形は，② ＿＿＿ になります。

さらに ココ! be 動詞のあとにくることばは何？

➡ be 動詞のあとには，主語を説明する語句が入ります。人名や名詞(人やものの名まえを表す語句)，場所を表す語句などがきます。

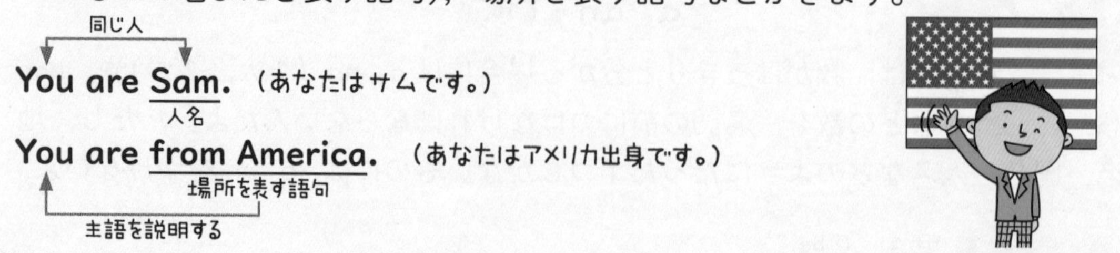

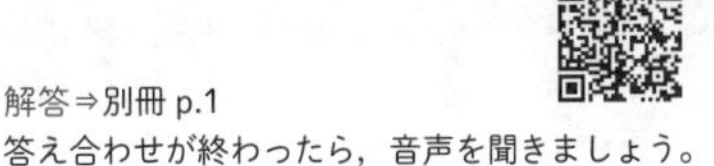

1 次の英文を日本語にしましょう。

(1) You are Ellen.

(　　　　　　　　　　　　　　　　　　　　)

(2) You're from Japan.

(　　　　　　　　　　　　　　　　　　　　)

2 次の日本文に合うように，(　　)に英語を入れましょう。

(1) あなたは先生です。

(　　　　)(　　　　) a teacher.

(2) あなたはアメリカ出身です。

(　　　　)(　　　　) America.

(2)はYou areの短縮形を用いるよ。

3 次の日本文に合うように，[　　]内の単語を並べかえましょう。

(1) あなたは生徒です。

[are / you / student / a / .]

____

(2) あなたは中国出身です。

[China / are / from / you / .]

____

左ページの答 ① You　② You're

3 これ(あれ)・こちら(あちら)は～です

This is a cat. This[That] is ～.

まず ココ! 「これ(あれ)・こちら(あちら)は～です」

➡ 近くのものや人について「これ(こちら)は～です」というとき，〈This is ～.〉の形を使います。

➡ 遠くのものや人について「あれ(あちら)は～です」というとき，〈That is ～.〉の形を使います。

つぎ ココ! 「これ(あれ)・こちら(あちら)は～です」の文の作り方

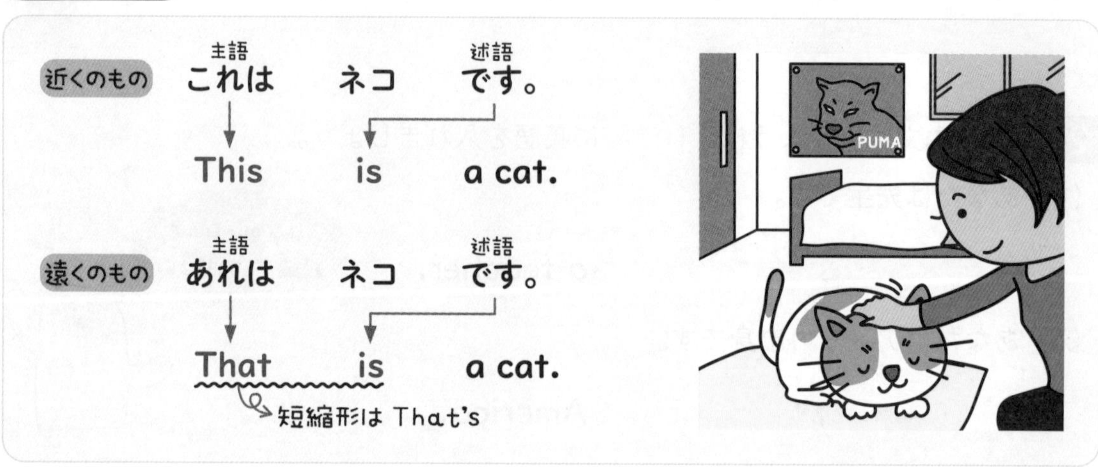

まとめよう 近くのものや人をさして「これ(こちら)は～です」というときは，① ＿＿＿ is ～. の形になります。遠くのものや人をさして「あれ(あちら)は～です」というときは，② ＿＿＿ is ～. の形になり，短縮形は ③ ＿＿＿ になります。

さらに ココ! 「それは～です」の文

➡ 近くや遠くのものをさす(会話に初めて出てくる)ときは，this / that を使い，2回目以降同じものをさすときには it を使います。

This is a pumpkin. (これはかぼちゃです。)
かぼちゃ

It is from America. (それはアメリカ産です。)
短縮形はIt's

基本問題

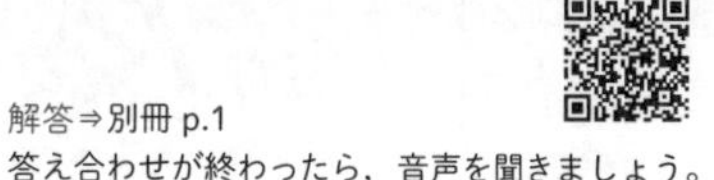

1 次の英文を日本語にしましょう。

(1) This is Emi.

(　　　　　　　　　　　　　　　　　　　　)

(2) That is a pen.

(　　　　　　　　　　　　　　　　　　　　)

2 次の英文を，短縮形を用いた文に書きかえましょう。

(1) That is Ken.

____

(2) It is a pencil.

____

3 次の日本文を英語にしましょう。

(1) これは本です。（4 語で）

____

本：book

(2) それは犬です。（3 語で）

____

犬：dog

「3 語」ということば
に注目してね。

左ページの答 ① This　② That　③ That's

4 彼(彼女)は〜です

He is a soccer player. (He[She] is 〜.)

まず ココ! 「彼(彼女)は〜です」

すでに話題にのぼった男性について「彼は〜です」というときは, 〈He is 〜.〉となり, 女性について「彼女は〜です」というときは, 〈She is 〜.〉となります。

つぎ ココ! 「彼(彼女)は〜です」の文の作り方

This is Takumi. (こちらはタクミです。)

He is a soccer player.

(He 彼は is です → 短縮形は He's / player 選手)

This is Kana. (こちらはカナです。)

She is a tennis player.

(She 彼女は is です → 短縮形は She's)

すでに話題にのぼった人について「彼は〜です」というときは, ① ＿＿＿＿ is 〜. となります。「彼女は〜です」は, ② ＿＿＿＿ is 〜. となります。

さらに ココ! 〈This[That] ... is 〜.〉の文

「この(あの)…は〜です」は, 〈This[That]+名詞+is 〜.〉の形になります。すでに話題にのぼっているものや人については, he や she や it を使います。

This cat is Kuro. (このネコはクロです。)

(動物) → It is pretty. (それはかわいい。)

This boy is Mike. (この少年はマイクです。)

(人(男性)) → He is kind. (彼はやさしい。)

基本問題

解答⇒別冊 p.1
答え合わせが終わったら，音声を聞きましょう。

1 次の英文を日本語にしましょう。

(1) He is a teacher.

(　　　　　　　　　　　　　　　　　　　　)

(2) She is a student.

(　　　　　　　　　　　　　　　　　　　　)

2 次の日本文に合うように，(　　)に英語を入れましょう。

(1) 彼女はテニス選手です。

(　　　　　)(　　　　　) a tennis player.

(2) 彼は中国出身です。

(　　　　　) from China.

3 次の日本文に合うように，[　　]内の単語を並べかえましょう。

(1) この犬はハナです。

[Hana / dog / is / this / .]

____

(2) あの少年は生徒です。

[student / boy / a / that / is / .]

____

左ページの答 ①He　②She

確認テスト ①

解答⇒別冊p.2

目標得点：70点

/ 100

1 次の日本文に合うように，（　　）内から正しいものを選びましょう。

（7 点 × 4 ＝28点）

⑴ 私はトムです。

I (is / am / are) Tom.

⑵ あなたはエレンです。

You (are / am / is) Ellen.

⑶ あちらはコウタです。

That (am / are / is) Kota.

⑷ それは車です。

It (am / is / are) a car.

2 次の英文の下線部を短縮形に変えて，全文を書きましょう。（6 点 × 3 ＝18点）

⑴ <u>You are</u> Ken.

____

⑵ <u>I am</u> a student.

____

⑶ <u>That is</u> a ball.

____

◎ be 動詞は主語によって形が変わるよ。
◎ from は「～出身」という意味があるよ。

3 次の日本文に合うように，(　　)に英語を入れましょう。（5点×2＝10点）

(1) 彼はインド出身です。

(　　　　　)(　　　　　) from India.

(2) 彼女はアメリカ出身です。

(　　　　　) from America.

4 次の日本文を英語にしましょう。（11点×4＝44点）

(1) 私はカナダ出身です。（3語で）

____

カナダ：Canada

(2) こちらはリコです。（3語で）

____

(3) あの少年はボブ(Bob)です。（4語で）

____

(4) それは本です。（3語で）

____

答え合わせが終わったら，音声を聞きましょう。

これで レベルアップ

日本文を英語にするときに気をつけることは？

日本文は述語が最後にあるけれど，英文は「～は」「です」を先に述べるよ。日本語から主語を探してそれを文頭に置いて，次に主語に合わせた be 動詞を置こう。

5 ～ではありません

I am not Takeshi. (be 動詞の否定文)

まず ココ! 「～ではありません」

- 「～ではありません」を表す文を否定文といいます。
- ふつうの文の be 動詞の後ろに「～ない」の意味を表す not を入れます。

つぎ ココ! 「～ではありません」の文の作り方

まとめよう

be 動詞の否定文は「①　　　　」という意味を表します。

be 動詞の②　　　　に，「～ない」の意味を表す③　　　　を入れます。

さらに ココ! 短縮形

- 否定文は，短縮形を使って表現することができます。

・are not → aren't（短縮形）　　・is not → isn't（短縮形）

短縮形を使った否定文には 2 通りの表し方があるよ。

You are not → You're not / You aren't

That is not → That's not / That isn't

He is not → He's not / He isn't

基本問題

解答⇒別冊 p.2
答え合わせが終わったら，音声を聞きましょう。

1 次の英文を日本語にしましょう。

(1) I am not Ken.

(　　　　　　　　　　　　　　　　　　　　　　　　　　)

(2) This is not a pen.

(　　　　　　　　　　　　　　　　　　　　　　　　　　)

2 次の日本文に合うように，(　　)に英語を入れましょう。

(1) あれは犬ではありません。

That is (　　　　　) a dog.

(2) あなたはユカではありません。

You (　　　　　) (　　　　　) Yuka.

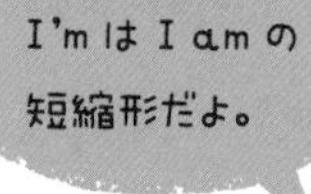

(3) 私はオサムではありません。

I'm (　　　　　) Osamu.

3 次の英文の(　　)に短縮形を入れましょう。

You are not a teacher.（あなたは先生ではありません。）

→ You (　　　　　) a teacher.

→ (　　　　　) not a teacher.

もう一歩

「am not」の短縮形ってないの？

am not には短縮形はないので，「amn't」にはならないから注意してね。ふつうは「I'm not 〜」になるよ。

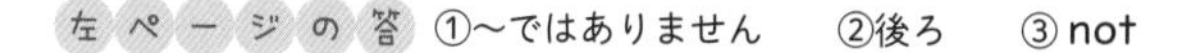

6 ～ですか

Are you from London? be動詞の疑問文

まず ココ! 「～ですか」

- 「～ですか」のように質問する文を**疑問文**といいます。
- **be動詞**を文の最初にもってきます。
- **Yes** または **No** を使って答えます。

つぎ ココ! 「～ですか」の文の作り方

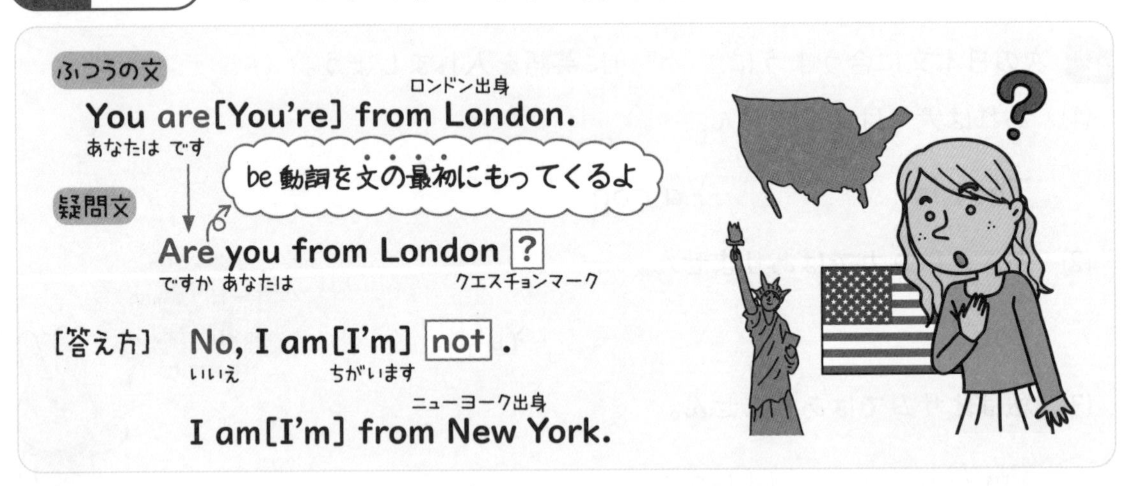

まとめよう

be動詞の疑問文は，be動詞を文の ① [　　　] にもってきて，「② [　　　]」という意味を表します。文の最後には ③ [　　　] を置きます。

さらに ココ! 主語が3人称単数のときの疑問文

- 主語が3人称単数(he, she, it, that など)なら，**Is で文を始めます。**

ふつうの文		疑問文
He is from Australia. 彼は です オーストラリア出身	isを文の最初に	Is he from Australia? ですか 彼は
She is from China. 彼女は です 中国出身		Is she from China? ですか 彼女は
That is a desk. あれは です 机		Is that a desk? ですか あれは

基本問題

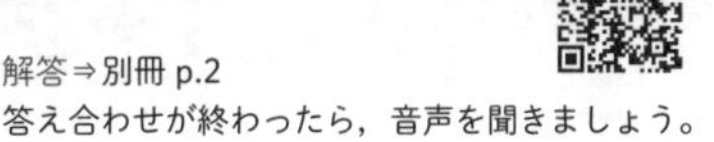
解答⇒別冊 p.2
答え合わせが終わったら，音声を聞きましょう。

1 次の英文を日本語にしましょう。

(1) Are you a student?

(　　　　　　　　　　　　　　　　　　　　)

(2) Is this man a teacher?

(　　　　　　　　　　　　　　　　　　　　)

2 次の日本文に合うように，(　　)に英語を入れましょう。

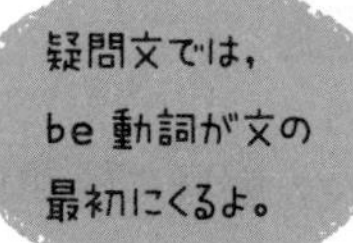

(1) あなたは先生ですか。— はい，そうです。

(　　　　　)(　　　　　) a teacher?

— Yes, (　　　　　)(　　　　　).

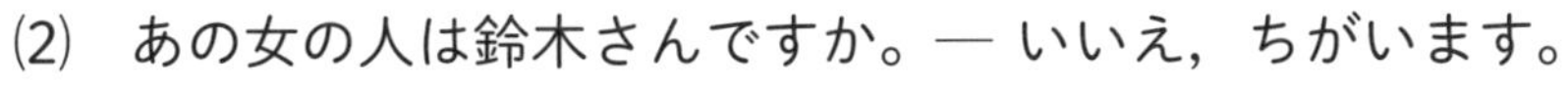

(2) あの女の人は鈴木さんですか。— いいえ，ちがいます。

(　　　　　)(　　　　　)(　　　　　) Ms. Suzuki?

— No, (　　　　　)(　　　　　)(　　　　　).

3 次の日本文に合うように，[　　]内の単語を並べかえましょう。

この女の人は先生ですか。[teacher / this / a / woman / is / ?]

「Is ～?」の答え方は 3 つ

	主語（～は，～が）	答え方
女性	Is Ms. Smith a pianist?	Yes, she is. / No, she is not[isn't].
男性	Is Ryo a golf player?	Yes, he is. / No, he is not[isn't].
もの	Is that a school?	Yes, it is. / No, it is not[isn't].

左ページの答　①始め[最初]　②～ですか　③クエスチョンマーク

7 ～は何ですか，～はだれですか

What is this? / Who is that? （What / Who を使った疑問文）

まず ココ! 「～は何ですか」，「～はだれですか」

- 「何」と「もの」についてたずねるときは，What で文を始めます。
- Who は「だれ」という意味で，名まえやどういう人かをたずねるときに使います。
- 「～は何ですか」「～はだれですか」は，What / Who のあとに，be 動詞の疑問文の形を続けます。

つぎ ココ! what / who を使った疑問文の作り方

be 動詞の疑問文　Is this *natto*?（ですか これは 納豆）

What を使った疑問文　短縮形

What is[What's] this?（何 ですか これは）

be 動詞の疑問文　Is that Tom?（ですか あちらは トム）

Who を使った疑問文　短縮形

Who is[Who's] that?（だれ ですか あちらは）

まとめよう　「これ(あれ)は何ですか」とたずねるときは ①＿＿，「こちら(あちら)はだれですか」とたずねるときは ②＿＿ で文を始めます。つぎに is this[that]? のように be 動詞の疑問文の形が続きます。What is を短縮すると ③＿＿，Who is を短縮すると ④＿＿ となります。

さらに ココ! What is this[that]?，Who is this[that]? の文の答え方

- What is this[that]?，Who is this[that]? の疑問文には，Yes や No で答えるのではなく，It is ～.（それは～です。）や This[That] is ～.（こちら[あちら]は～です。），He[She] is ～.（彼[彼女]は～です。）という形で具体的な内容を答えます。

What is this? ➡ **It is[It's] a cat.**

This [That] is ～．としないように！

What is that? ➡ **It is[It's] a hospital.**

Who is that? ➡ **She is Aki.**

基本問題

解答⇒別冊 p.3
答え合わせが終わったら，音声を聞きましょう。

whatは「何」という意味だよ。

1 次の英文を日本語にしましょう。

(1) What is that? — It is a book.

(2) Who is this? — This is my brother.

2 次の疑問文に(　　)内の語句を使って答えましょう。

(1) What is this?（ pen ）

____

(2) Who is that woman?（ our new teacher ）

____

3 次の日本文に合うように，[　　]内の単語を並べかえましょう。

(1) あれは何ですか。[that / what / is / ?]

____

(2) それはネコです。[cat / it / a / is / .]

____

(3) あの男の人はだれですか。[is / man / who / that / ?]

____

左ページの答 ① What　② Who　③ What's　④ Who's

確認テスト ②

解答⇒別冊p.3

目標得点：70点

/ 100

1 次の英文を日本語にしましょう。（7点×4＝28点）

(1) I am not a teacher.

(　　　　　　　　　　　　　　　　)

(2) Are you Yuka?

(　　　　　　　　　　　　　　　　)

(3) What's this?

(　　　　　　　　　　　　　　　　)

(4) Who is that girl?

(　　　　　　　　　　　　　　　　)

2 次の疑問文に合う答えの英文をあとから選び，記号で答えましょう。

（6点×5＝30点）

(1) Are you a student? (　　　)

(2) Is that a cat? (　　　)

(3) Who is this man? (　　　)

(4) What is that? (　　　)

(5) Is this man Mr. Brown? (　　　)

ア It is a box.

イ Yes, he is.

ウ No, it isn't.

エ No, I'm not.

オ He is my father.

◎ be 動詞の否定文では，not はどこに入れる？
◎ What is this[that]? や Who is this[that]? の疑問文には，Yes や No ではなく具体的な内容を答えるよ。

3 次の英文を３種類の表し方で，否定文に書きかえましょう。（6点×3＝18点）

You are Miki.

---

4 次の英文を，（　　）内の指示にしたがって書きかえましょう。（6点×3＝18点）

(1) This is a dog.（否定文に）

---

(2) What is this?（「ペン」と答える）

---

(3) Is that a chair?（「いいえ」と答える）
chair：いす

---

5 次の日本文に合うように，[　　]内の単語を並べかえましょう。（6点）

あの男の人は先生ではありません。

[a / not / man / is / teacher / that / .]

答え合わせが終わったら，音声を聞きましょう。

これで レベルアップ

Is this[that] ~? の疑問文の答え方は？

Yes, it is. / No, it is not[it isn't, it's not]. のようになるよ。主語に注意してね。

8 ～します

I like music. 一般動詞

まずココ!「～します」

日本語で「…は～します」というときの,「～します」という動きを表すことばを動詞といいます。like「～が好き」などの心の動きや, play「(競技)をする」などのように体の動き(動作)を表す語を**一般動詞**といいます。

つぎココ!「…は～します」の文の作り方

まとめよう 動詞には,「～です」という意味の ① ＿＿＿ 動詞と, 心の動きや動作を表す ② ＿＿＿ 動詞があります。

さらにココ! 一般動詞のあとにくる語

like や play のあとには**「～を(が)」と表される語句**を置きます。

I play the guitar. (私はギターをひきます。)
the guitar: ～を(が)

I like basketball. (私はバスケットボールが好きです。)
basketball: ～を(が)

You have a bag. (あなたはかばんを持っています。)
a bag: ～を(が)

基本問題

解答⇒別冊 p.3
答え合わせが終わったら，音声を聞きましょう。

1 次の日本文に合うように，（　　）に英語を入れましょう。

(1) 私は英語を勉強します。

（　　　　　）（　　　　　） English.
└→勉強する

(2) あなたは犬が好きです。

（　　　　　）（　　　　　） dogs.
└→好き

2 次の英文を日本語にしましょう。

(1) You go to school.

（　　　　　　　　　　　　　　　　　　　　）

(2) I play tennis.

（　　　　　　　　　　　　　　　　　　　　）

3 次の日本文に合うように，［　　］内の単語を並べかえましょう。

(1) 私はこの本が好きです。

［ this / like / I / book / . ］

____

「～は」から文を始めよう。

(2) あなたはピアノをひきます。

［ the / play / piano / you / . ］

____

もう一歩

楽器名の前につける the

「楽器を演奏する」というときには，楽器名の前には必ず the をつけないといけないんだよ。だけど，楽器を「買う」や楽器を「持っている」というときには，the ではなく a や an がつくよ(楽器が 1 つの場合)。

左ページの答 ① be ②一般

9 私(あなた)は～しません

I do not speak English. 一般動詞の否定文

まず ココ! 「私(あなた)は～しません」

「私(あなた)は～しません」と否定するときは，一般動詞の前に do not [don't]を置きます。

つぎ ココ! 「私は～しません」の文の作り方

まとめよう 「私(あなた)は～しません」と言うときは，① ______ の前に do not を置きます。do not の短縮形は ② ______ になります。

さらに ココ! 「あなたは～しません」

「あなたは～しません」と否定するときは，〈You＋do not[don't]＋一般動詞 ～.〉の形になります。

動詞の前　一般動詞
You　eat Western food.
あなたは　食べる　洋食

don't
You do not eat Western food.
食べません

基本問題

解答⇒別冊 p.4
答え合わせが終わったら，音声を聞きましょう。

1 次の日本文に合うように，(　　)に英語を入れましょう。

(1) 私は英語を勉強しません。

I (　　　　　) (　　　　　) (　　　　　) English.

(2) あなたは犬が好きではありません。

You (　　　　　) (　　　　　) dogs.

2 次の英文を日本語にしましょう。

(1) I don't have a pen.

(　　　　　　　　　　　　　　　　　　　　)

(2) You do not read a book.

(　　　　　　　　　　　　　　　　　　　　)

3 次の日本文に合うように，[　　]内の単語を並べかえましょう。

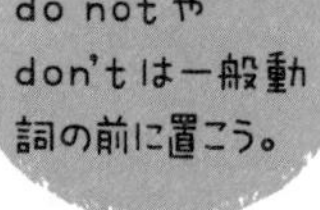

(1) 私はテニスをしません。

[not / tennis / I / do / play / .]

____

(2) あなたは今日学校へ行きません。

[go / school / don't / you / today / to / .]

____

左ページの答 ①一般動詞 ②don't

10 あなたは〜しますか

Do you know anime?（一般動詞の疑問文）

まず ココ！「あなたは〜しますか」

➡「あなたは〜しますか」とたずねるときは，Do を文の最初に置いて，〈Do you＋一般動詞 〜?〉とします。

つぎ ココ！「あなたは〜しますか」の文の作り方

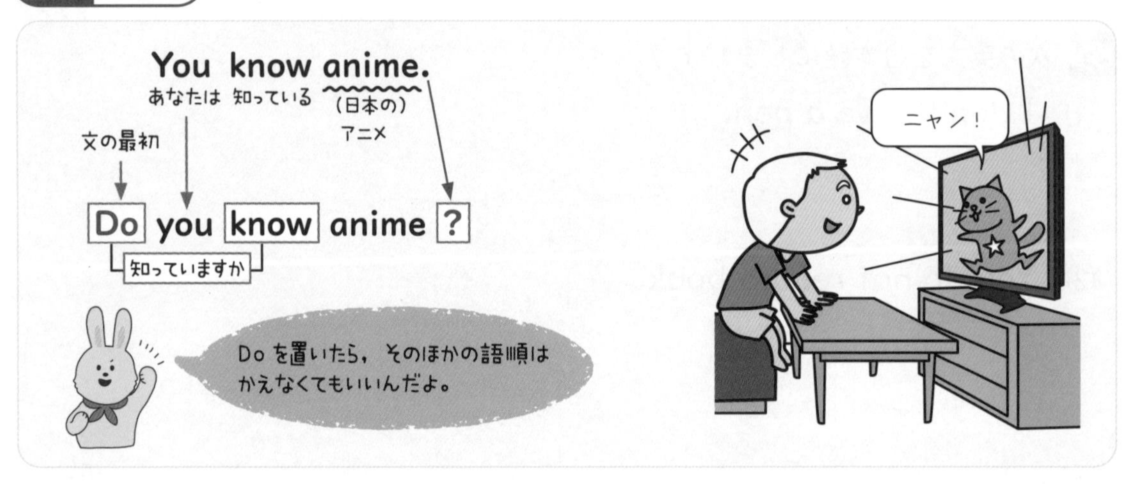

まとめよう 「あなたは〜しますか」という疑問文にするときは，[　　　　] を文の最初に置き，文末にクエスチョンマークをつけます。

さらに ココ！「あなたは〜しますか」の文の答え方

➡ Do you 〜? とたずねられたときは，**Yes, I do.**／**No, I do not[don't].** と答えます。

Do you play the guitar?（あなたはギターをひきますか。）

［答え方］ Yes, I **do**.（はい，ひきます。）
No, I **do not**.（いいえ，ひきません。）
→短縮形は don't

基本問題

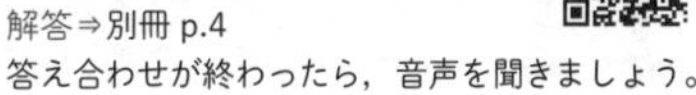

1 次の日本文に合うように，(　　)に英語を入れましょう。

(1) あなたは英語が好きですか。

(　　　　) you (　　　　) English?

はい，好きです。

Yes, (　　　　) (　　　　).

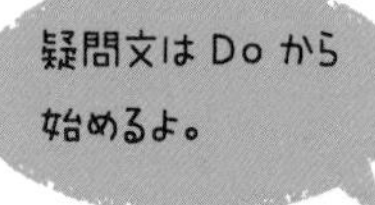

(2) あなたはテニスをしますか。

(　　　　) you (　　　　) tennis?

(3) いいえ，しません。((2)の疑問文に対する答え)

No, (　　　　) (　　　　) (　　　　).

2 次の日本文に合うように，[　　]内の単語を並べかえましょう。

(1) あなたは犬が好きですか。

[like / you / do / dogs / ?]

____

(2) あなたはペンを持っていますか。

[a / have / do / pen / you / ?]

____

(3) いいえ，持っていません。((2)の疑問文に対する答え)

[don’t / no / I / , / .]

____

左ページの答 Do

11 あなたは何を～しますか

What do you make?（Whatつきの一般動詞の疑問文）

まずココ!「あなたは何を～しますか」

➡「あなたは何を～しますか」とたずねるときは，**Whatを文の最初**に置いて，そのあとは**〈do you＋一般動詞 ～?〉**の疑問文の語順になります。

つぎココ!「あなたは何を～しますか」の文の作り方

まとめよう　「あなたは何を～しますか」とたずねるときは，①［　　　　］を文の最初に置いて，そのあとに〈②［　　　　］ you ＋一般動詞 ～？〉の形を続けます。

さらにココ!「あなたは何を～しますか」の文の答え方

➡答えるときはYesやNoではなく，たずねられている内容について答えます。

What do you study every day?
（あなたは毎日何を勉強しますか。）

［答え方］
I study English every day.
（私は毎日英語を勉強します。）

マンガで英語が学べるんだ!

基本問題

解答⇒別冊 p.4
答え合わせが終わったら，音声を聞きましょう。

1 次の英文を日本語にしましょう。

what は「何を(が)」という意味だよ。

(1) What do you like?

(　　　　　　　　　　　　　　　　)

(2) What do you have?

(　　　　　　　　　　　　　　　　)

(3) I have a book. ((2)の疑問文に対する答え)

(　　　　　　　　　　　　　　　　)

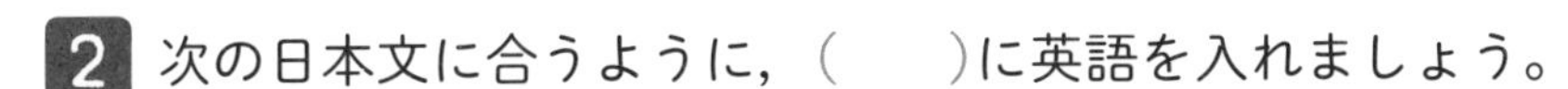

2 次の日本文に合うように，(　　)に英語を入れましょう。

(1) あなたは何を勉強しますか。

(　　　　) do you (　　　　)?

(2) 私は英語を勉強します。

I (　　　　) (　　　　).

3 次の日本文を英語にしましょう。

(1) あなたは何を作りますか。

____

作る：make

(2) 私は箱を作ります。

____

箱：box

左ページの答 ① What　② do

確認テスト ③

解答⇒別冊p.4

目標得点：70点

/ 100

1 次の日本文に合うように，(　　)に英語を入れましょう。（8点×4＝32点）

(1) 私は英語が好きです。

(　　　　　) (　　　　　) English.

(2) あなたはテニスをしますか。

(　　　　　) you (　　　　　) tennis?

(3) 私は本を持っていません。

I (　　　　　) (　　　　　) a book.

(4) あなたは何を書きますか。

(　　　　　) do you (　　　　　) ?

└→書く

2 次の疑問文に合う答えの英文をあとから選び，記号で答えましょう。

（6点×4＝24点）

(1) Do you have a pen?　(2) What is this?

(3) What do you have?　(4) Are you a student?

(1) ＿＿＿＿　(2) ＿＿＿＿　(3) ＿＿＿＿　(4) ＿＿＿＿

ア It is a pen.　イ No, I don't.

ウ Yes, I am.　エ I have a bag.

◎ 一般動詞の疑問文や否定文では，主語が I または you のときは do を使うよ。
◎ what などの疑問詞は必ず文頭にもってくるよ。

3 次の英文を，(　　)内の指示にしたがって書きかえましょう。(8点×3＝24点)

(1) You make a bag.(疑問文に)

____

(2) I like dogs.(否定文に)

____

(3) You have a ball.(下線部をたずねる疑問文に)

____

4 次の日本文を英語にしましょう。(10点×2＝20点)

(1) あなたは何を勉強しますか。

____

(2) あなたはこの犬が好きですか。

____

答え合わせが終わったら，音声を聞きましょう。

これで レベルアップ

be 動詞と一般動詞はいっしょに使うことができないの？

1つの英文に2つの動詞をそのまま並べて使うことはできないよ。日本文で「～です」だったら be 動詞を，「～します」と心や体の動きを表すなら一般動詞を使おう。

12 いつ？，どこ？

When do you practice soccer, Mom? when/where

まず ココ！ 「いつ？」「どこ？」とたずねる表現

➡ when は「いつ」という意味で，時をたずねるときに使います。

➡ where は「どこに(へ，で)」という意味で，場所をたずねるときに使います。

つぎ ココ！ when，where を使った疑問文と答え方

文頭にもってくる

When do you practice soccer, Mom?

いつ　　疑問文の語順

[答え方] After lunch. ←時を表す語句

（時間）…のあとに　　（昼食のあとで。）

文頭にもってくる

Where do you practice soccer?

どこで　　疑問文の語順

[答え方] Here. ←場所を表す語句　（ここで。）

when，where も [　　　　] に置き，そのあとに疑問文を続けます。

さらに ココ！ 時・場所を表す語句

➡ 時や場所を表す語句は，in や at，on などを使って表されます。

時を表す語句　同じ in，at，on などでも，たくさんの意味をもっているんだよ。

in…午前や午後，月や年などの長い時間「～に」　例 in the morning　午前中に

at…時刻や，時の１点を示すとき「～に」　例 at three　３時に

on…曜日や，特別な日時「～に」　例 on Sunday　日曜日に

場所を表す語句

in…広い場所，周囲をとり囲まれた場所「～(の中)で」　例 in Tokyo　東京で

at…せまい場所，場所の１点を示す「～で」　例 at the station　駅で

on…表面を接している場所「～の上に」　例 on the chair　いすの上に

基本問題

解答⇒別冊 p.5
答え合わせが終わったら，音声を聞きましょう。

1 次の英文を日本語にしましょう。

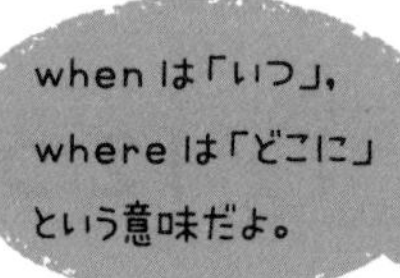

(1) When do you study Japanese?

(　　　　　　　　　　　　　　　　)

(2) Where do you play baseball?

(　　　　　　　　　　　　　　　　)

2 次の疑問文に(　　)内の語句を使って答えましょう。

(1) When do you practice tennis? (in the morning)
午前中に

____

(2) Where do you play the piano? (at home)
家で

____

3 次の日本文に合うように，[　　]内の単語を並べかえましょう。

(1) あなたの本はどこにありますか。

[book / is / your / where / ?]

____

(2) あなたはいつ夕食を食べますか。

[have / you / when / dinner / do / ?]

____

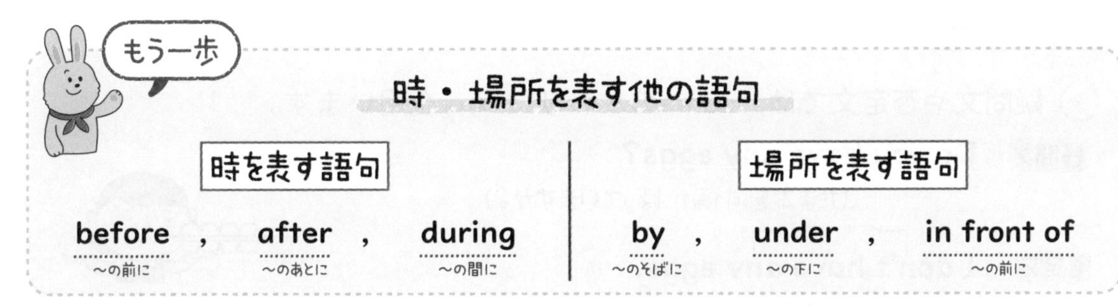

左ページの答 文頭

13 2つ(人)以上のものや人，いくつの～

I have five flowers. 名詞・代名詞の複数形　How many balls do you have? How many ～?

まず ココ! 「2つ(人)以上のものや人」「いくつの～」

➡「いす」「ネコ」「姉」などの人やものの名まえを表すことばを名詞といいます。

➡「いくつの～」とものや人の数をたずねるときは，〈How many＋名詞の複数形〉を文の最初に置いて，あとに疑問文の形を続けます。

つぎ ココ! 複数形の名詞，How many ～? の文

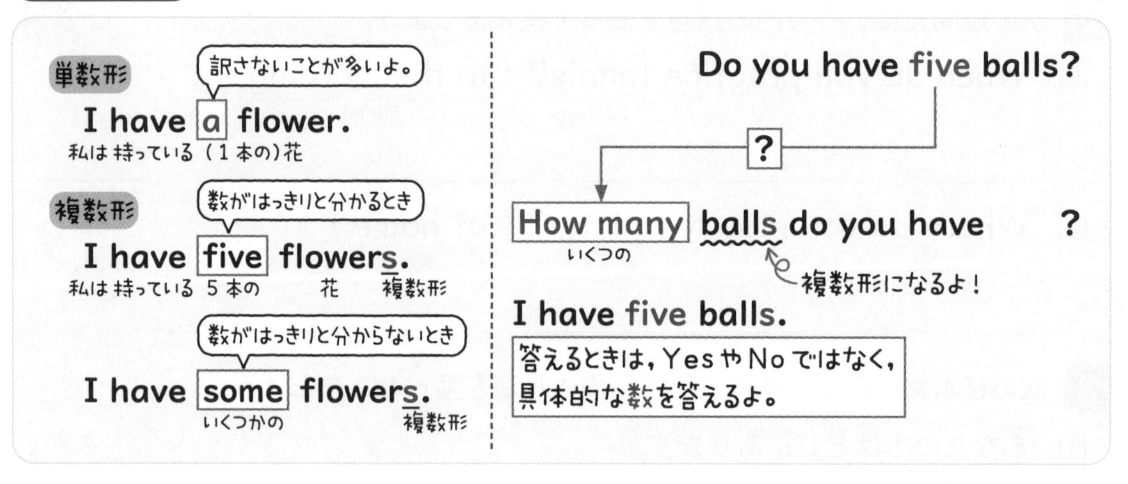

まとめよう

名詞が1つのとき(単数形)は，名詞の前に ① ＿＿＿ を置きます。

名詞が2つ以上あるとき(複数形)は，名詞の最後に ② ＿＿＿ をつけます。

〈How many ～?〉「いくつの～」とたずねる疑問文では，How many の後ろの名詞は ③ ＿＿＿ になります。

さらに ココ! 「いくつかの」

➡ 疑問文や否定文では，someのかわりにanyを用います。

疑問文　**Do you have any eggs?**
（たまごを何個か持っていますか。）

否定文　**I don't have any eggs.**（何も～ない）
（たまごを1つも持っていません。）

解答⇒別冊 p.5
答え合わせが終わったら，音声を聞きましょう。

基本問題

1 次の英文の下線部を(　　)内の語に変えて，書きかえましょう。

(1) I have a book. (two)

(2) I have some pens. (don't have)

2 次の疑問文に(　　)内の語を使って答えましょう。

(1) How many pens do you have? (four)

(2) Do you have any dogs? (any)

3 次の日本文に合うように，[　　]内の単語を並べかえましょう。

(1) あなたには兄弟がいますか。
[brothers / have / you / any / do / ?]

(2) あなたは何枚の写真を持っていますか。
[many / do / pictures / how / you / have / ?]

もう一歩

名詞に s をつけたら，何でも複数形になるの？

s をつけると発音しにくい名詞があるので，es や ies をつけたり形をかえるものがあるよ。

①es をつけるもの　class → classes　box → boxes
②y を i に変えて es をつけるもの　city → cities　country → countries
③ちがう形になるもの　man → men　child → children

左ページの答　①a(an)　②(e)s　③複数形

14 私たちは～です

We are junior high school students. 主語が複数のときの be 動詞

まず ココ! 主語が複数のときの be 動詞

➡ we(私たちは)，you(あなたたちは)，they(彼らは・彼女らは・それらは)のように，主語が複数になると be 動詞は **are** になります。

つぎ ココ! 「私たちは～です」の文の作り方

→ I (私は)の複数形
We [are] junior high school students.
私たちは　(私たちは中学生です。)
↑ 複数形

→ you (あなたは)の複数形
You [are] junior high school students.
あなたたちは　(あなたたちは中学生です。)
↑ 複数形

→ he (彼は)，she (彼女は)，it (それは)の複数形
They [are] junior high school students.
彼ら (彼女らは)　(彼ら(彼女ら)は中学生です。)
↑ 複数形

まとめよう　2人以上の人，2つ以上のものを複数といいます。主語が複数のときは，be 動詞は [　　　　] になります。

さらに ココ! 主語が複数のときの一般動詞

➡「主語(複数)が～します」と動作を表すとき，**一般動詞**の文になります。

We [speak] English.
私たちは　話す　(私たちは英語を話します。)

You [speak] English.
あなたたちは　(あなたたちは英語を話します。)

They [speak] English.
彼ら (彼女ら)は　(彼ら (彼女ら)は英語を話します。)

基本問題

解答⇒別冊 p.5
答え合わせが終わったら，音声を聞きましょう。

1 次の単語の複数形を書きましょう。

(1) I - (　　　　　　)　(2) you - (　　　　　　)

(3) it - (　　　　　　)　(4) he - (　　　　　　)

2 次の英文を日本語にしましょう。

(1) We are students.

(　　　　　　　　　　　　　　　　)

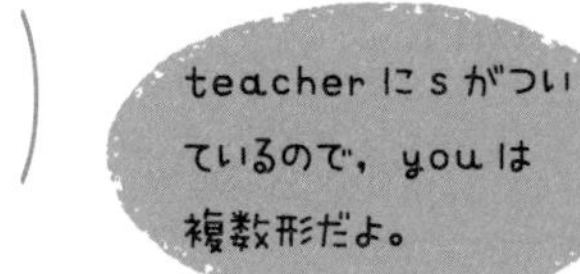

(2) You are teachers.

(　　　　　　　　　　　　　　　　)

3 次の英文の下線部を(　　)内の語に変えて，全文を書きかえましょう。

(1) He is a teacher. (they)

(2) I play soccer. (we)

(3) She is a student. (are)

左ページの答 are

確認テスト ④

目標得点：70点

/100

解答⇒別冊p.6

1 次の単語の複数形を書きましょう。（3点×4＝12点）

(1) woman -（　　　　　）　(2) city -（　　　　　）

(3) boy -（　　　　　）　(4) class -（　　　　　）

2 次の英文の下線部を複数形に変えて，全文を書きかえましょう。（8点×2＝16点）

(1) <u>I</u> am a girl.

____

(2) This is <u>a book</u>.

____

3 次の疑問文に（　　）内の語句を使って答えましょう。（8点×3＝24点）

(1) How many books do you have?（ three ）

____

(2) Where do you play badminton?（ in the gym ）

____

(3) When do you study English?（ after dinner ）

____

得点UP アドバイス

- 複数形になると形が変わる名詞に注意しよう。例　man → men，child → children
- not ～ any は「少し[1つ]も～ない」という意味を表すよ。
- How many のあとの名詞は複数形になるよ。

4 次の英文を日本語にしましょう。（8点×3＝24点）

(1) When is your birthday?

（　　　　　　　　　　　　　　　　）

(2) You have some boxes.

（　　　　　　　　　　　　　　　　）

(3) I don't have any pictures.

（　　　　　　　　　　　　　　　　）

5 次の英文を，（　　）内の指示にしたがって書きかえましょう。（8点×3＝24点）

(1) You have some balls.（疑問文に）

____

(2) You are students.（単数形の文に）

____

(3) You have <u>two</u> pens.（下線部をたずねる疑問文に）

____

これで レベルアップ

How many ～? と How much ～? のちがいって何？

数について「いくつ？」は How many を使い，あとに続く名詞を複数形にするよ。量について「どのくらい？」は How much を使い，あとに続く名詞は数えられない名詞(milk / water など)になるので単数形になるんだ。

15 第3章 彼(彼女)は～します

Ms. Brown likes *natto*. 3人称単数現在形

まず ココ! 「彼(彼女)は～します」

- 人の名まえや he, she, it を**3人称単数**といいます。
- 自分(I)と相手(you)以外の1人について，「…が～する」というときは，**一般動詞の後ろに(e)s**をつけます。この形を**3人称単数現在形**といいます。

つぎ ココ! 「彼(彼女)は～します」の文の作り方

まとめよう 主語が3人称単数のとき，一般動詞の後ろに ① ＿＿＿＿ をつけます。この動詞の形を ② ＿＿＿＿ といいます。

さらに ココ! 3人称複数

- Takeshi and Akiko (タケシとアキコ)のように，3人称の主語が複数(2人[つ]以上)のときは，**動詞には(e)sがつきません。**

3人称単数　1人の男性＝he

Takeshi plays tennis.

3人称複数
男性と女性が1人ずつ＝They

Takeshi and Akiko play tennis.

動詞はそのままの形だよ！

基本問題

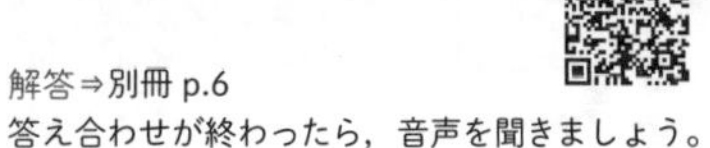

1 次の動詞を3人称単数現在形の(e)sがついた形に直しましょう。

(1) play －(　　　　　)　(2) go －(　　　　　)

(3) study －(　　　　　)　(4) have －(　　　　　)

2 次の英文の主語を(　　)内の語句に変えて，全文を書きかえましょう。

(1) I like English. (he)

____

(2) You go to school. (she)

____

(3) They have *natto*. (Ms. Brown)

____

3 次の日本文を英語にしましょう。

(1) 彼はサッカーをします。

____

(2) 彼女は犬が好きです。

____

「犬」は複数形にして書くよ。

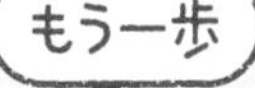

もう一歩

3人称単数現在形ってsまたはesだけなの？

iesがついた形，ちがう形になるものもあるよ。

①ch，o，s，sh，xで終わる語にはes　例 teach → teaches

②〈子音字＋y〉で終わる語はyをiに変えてes　例 study → studies

（子音字 ← a・i・u・e・o以外の字）

③ちがう形になるもの　例 have → has

左ページの答 ①(e)s　②3人称単数現在形

16 彼(彼女)は～しますか，～しません

Does Ken like comics? / Ken doesn't like comics. 3単現の疑問文・否定文

まず ココ! 「彼(彼女)は～しますか，～しません」

➡ 主語が3人称単数のときの一般動詞の疑問文や否定文は，**does** を使います。

つぎ ココ! 「彼(彼女)は～しますか，～しません」の文

まとめよう 主語が3人称単数のとき，一般動詞の疑問文では主語の前に ①[　　　] を置き，否定文では動詞の前に ②[　　　] を置きます。そのとき，動詞は(e)s のつかないもとの形になります。

さらに ココ! Does ～? に対する答え方

➡ Does ～? でたずねられたら，**does** を使って答えます。
➡ 会話や文の中ですでに出てきた人名は，くり返さずに代名詞を用います。

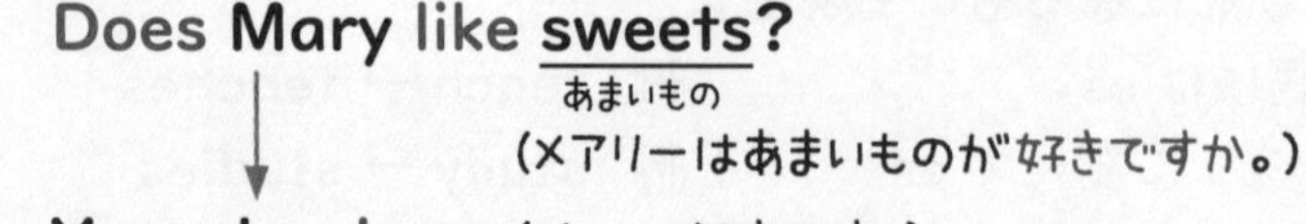

Yes, she does. (はい，好きです。)
No, she does not[doesn't].
(いいえ，好きではありません。)

基本問題

解答⇒別冊 p.6
答え合わせが終わったら，音声を聞きましょう。

1 次の英文を日本語にしましょう。

(1) She doesn't like soccer.

(　　　　　　　　　　　　　　　　　　　　)

(2) Does he play tennis?

(　　　　　　　　　　　　　　　　　　　　)

2 次の英文を，(　　)内の指示にしたがって書きかえましょう。

(1) He studies English.（否定文に）

____

(2) Mr. Suzuki plays soccer.（疑問文に）

____

(3) はい，します。((2)の疑問文に対する答え)

____

3 次の日本文を英語にしましょう。

(1) ケイト(Kate)はサッカーが好きですか。

____

(2) いいえ，好きではありません。((1)の疑問文に対する答え)

____

左ページの答　① Does　② does not[doesn't]

17 代名詞「～を(に)」の形

I like him. 代名詞の格変化

まず ココ! 文中でのはたらきによって形が変わる代名詞

➡ 一般動詞の直後にくる代名詞は，「～を(に)」という意味を表しています。

つぎ ココ! 代名詞を使った文

まとめよう 一般動詞の直後にくる代名詞は，[ ]という意味を表しています。

さらに ココ! 代名詞「～を(に)」の形

	～は ～が	～を ～に		～は ～が	～を ～に
私	I	me	私たち	we	us
あなた	you	you	あなたたち	you	you
彼	he	him	彼ら		
彼女	she	her	彼女ら	they	them
それ	it	it	それら		

youのように単数も複数も同じ形だったり，youやitのように「～は(が)」と「～を(に)」が同じ形のものがあるよ。

基本問題

解答⇒別冊 p.7
答え合わせが終わったら，音声を聞きましょう。

第1章 第2章 第3章 第4章 第5章 第6章 第7章 第8章

1 次の代名詞を「～を(に)」の形に書きかえましょう。

(1) I - (　　　　)　　(2) you - (　　　　)

(3) he - (　　　　)　　(4) she - (　　　　)

(5) we - (　　　　)　　(6) they - (　　　　)

2 次の日本文に合うように，(　　)に英語を入れましょう。

(1) こちらはケンジです。私は彼が好きです。

This is Kenji.

(　　　　) like (　　　　).
└→彼を

(2) スミスさんは先生です。私たちは彼女が好きです。

Ms. Smith is a teacher.

(　　　　) like (　　　　).
└→彼女を

(2)は女性を表す she の「～を(に)」の形を考えよう。

3 次の英文の下線部を入れかえて正しい形にした文を書きましょう。

(1) They like you. ＿＿＿＿＿＿＿＿

(2) We like her. ＿＿＿＿＿＿＿＿

(3) He likes us. ＿＿＿＿＿＿＿＿

(4) I like her. ＿＿＿＿＿＿＿＿

左ページの答 ～を(に)

確認テスト ⑤

解答⇒別冊p.7

目標得点：70点

/ 100

1 次の英文の下線部を正しい形に直しましょう。（6点×4＝24点）

(1) I like <u>he</u>. （　　　）

(2) They like <u>I</u>. （　　　）

(3) <u>Them</u> like you. （　　　）

(4) Do you like <u>she</u>? （　　　）

2 次の英文の主語を（　　）内の語に変えて，全文を書きかえましょう。（7点×3＝21点）

(1) I play soccer. (she)

____

(2) I have a bag. (Jim)

____

(3) Do you like English? (Kenji)

____

3 次の英文のうち正しいものを1つ選んで，記号で答えましょう。（10点）

ア You plays soccer.　　イ They go to school.

ウ I studies Japanese.　　エ Keiko have a box.

オ He don't teach English.

（　　　）

得点UP アドバイス

- 文のいちばん最初や一般動詞の直後など，文に入る位置によって代名詞の形が変わるよ。
- 主語が３人称単数現在形のとき，動詞に(e)s をつけるのを忘れないように！
- 一般動詞の否定文や疑問文では，主語が３人称単数のときは does を使うよ。

4 次の英文を日本語にしましょう。（７点×３＝21点）

(1) The boys like her.

（　　　　　　　　　　　　　　　　　　　　）

(2) Maki studies English with me.

（　　　　　　　　　　　　　　　　　　　　）

(3) Keiko doesn't play tennis on Sunday.

（　　　　　　　　　　　　　　　　　　　　）

5 次の疑問文に合う答えの文をあとから選び，記号で答えましょう。

（６点×４＝24点）

(1) Do you like dogs?　（　　）

(2) Does Ken have a brother?　（　　）

(3) Are you a teacher?　（　　）

(4) Does Emi like you?　（　　）

ア No, he doesn't.　　イ Yes, she does.

ウ Yes, I am.　　エ No, I don't.

答え合わせが終わったら，音声を聞きましょう。

これで レベルアップ

３人称複数ってどのようなものがあるの？

３人称複数とは，I（私），you（あなた）以外の２人や２つ以上のもののほかに，people（人々）のようにもともとの意味が複数を表すものをいうよ。

18 何時ですか，何時に～しますか

What time is it? / What time do you usually have lunch? （What time を使った疑問文）

まず ココ！ 「何時ですか」とたずねる表現

- 「何時」と時刻をたずねるときは，**What time** を使います。
- 答えるときは，具体的に時間を答えます。

つぎ ココ！ What time ～? の文の作り方

be 動詞の疑問文

What time is it?
（何時ですか。）

［答え方］ **It is[It's] ten.**
（10 時です。）

答えるときは，it を主語にして〈It is ＋時刻 .〉で答えるんだね。

Do you usually have lunch?
（あなたはふだん昼食を食べますか。）

What time do you usually have lunch?
（あなたはふだん何時に昼食を食べますか。）

↑一般動詞の疑問文の前に置くよ

［答え方］ **At twelve thirty.**
（12 時 30 分です。）

まとめよう 「何時？」と時刻をたずねるときは，［　　　　　］を文頭に置きます。

さらに ココ！ What time ～? の文の答え方

- 「～時(ちょうど)」の場合は **o'clock** をつけて表すこともある。
- 答えるときに，時間だけ答えるのではなく文で答えることもできる。

What time is it now? (いま何時ですか。)

［答え方］ **It is[It's] twelve o'clock.** (12 時です。)

What time do you go to bed? (あなたは何時に寝ますか。)

［答え方］ **I go to bed at eleven.[At eleven.]** (11 時に寝ます。)

基本問題

解答⇒別冊 p.7
答え合わせが終わったら，音声を聞きましょう。

1 次の英文を日本語にしましょう。

(1) What time do you eat breakfast?

(　　　　　　　　　　　　　　　　　　　　　　　　)

(2) I eat breakfast at seven. ((1)の疑問文に対する答え)

(　　　　　　　　　　　　　　　　　　　　　　　　)

2 次の日本文に合うように，(　　)に英語を入れましょう。

(1) カナダでは何時ですか。

(　　　　　)(　　　　　) is it in Canada?

(2) 5 時です。((1)の疑問文に対する答え)

(　　　　　) five (　　　　　).

(3) あなたは何時に家を出ますか。

(　　　　　) time (　　　　　) you leave home?

leave：出る

(4) 7 時半です。

(　　　　　)(　　　　　) thirty.

3 次の日本文を英語にしましょう。

(1) 何時ですか。

---

(2) あなたは何時に夕食を食べますか。

食べる：eat　夕食：dinner

左ページの答 What time

19 どんな，何の

What music do you like?〈疑問詞 What＋名詞〉

まず ココ！ 「どんな」，「何の」とたずねる表現

➡「どんな～」「何の～」と具体的により詳しくたずねるときは，〈What ＋名詞〉の形になり，後ろは疑問文の形が続きます。

つぎ ココ！ 〈What＋名詞〉を使った疑問文と答え方

What do you like?
（あなたは何が好きですか。）

What music do you like?
（あなたはどんな音楽が好きですか。）

「音楽」に限定して音楽の種類をたずねているんだね。

[答え方] **I like classical music.**
（私はクラシック音楽が好きです。）

「どんな(何の)～」と，ものの種類をたずねるとき，What のあとに ［　　　］ を置きます。

さらに ココ！ 〈What＋名詞 ～?〉の名詞の形

➡ 質問者が複数の答えを予測して質問しているときは what のあとにくる名詞を複数形にします。

↓ 文頭にもってくる
What animal do you like?
どんな 何の ／ 名詞(単数) 動物 ／ 疑問文の語順 好きですか

[答え方] **I like dogs.**

↓ 文頭にもってくる
What animals do you like?
どんな 何の ／ 名詞(複数) 動物 ／ 疑問文の語順 好きですか

[答え方] **I like dogs, cats, birds ....**

基本問題

解答⇒別冊 p.8
答え合わせが終わったら，音声を聞きましょう。

1 次の英文を日本語にしましょう。

(1) What book do you like?

(　　　　　　　　　　　　　　　　　　)

(2) What language do you speak?
language：言語

(　　　　　　　　　　　　　　　　　　)

2 次の疑問文に合う答えの英文をあとから選び，記号で答えましょう。

(1) What subject do you like?　　(2) What sport do you play?

(3) What food do you like?　　(4) What day is it today?

(1) ＿＿＿　(2) ＿＿＿　(3) ＿＿＿　(4) ＿＿＿

ア It is Monday.　　イ I like apples.

ウ I play soccer.　　エ I like math.

3 次の日本文に合うように，[　　]内の単語を並べかえましょう。

あなたのお母さんは何色が好きですか。

[does / like / color / mother / what / your / ?]

＿＿＿＿＿＿＿＿＿＿＿＿＿＿＿＿＿＿＿＿＿＿＿＿＿＿＿＿

20 ～することが好き，～することが得意

I like cooking Japanese dishes. / You are good at cooking. （動詞の ing 形を使った文）

まず ココ! 「～することが好き」，「～することが得意」

➡「～することが好き」は，〈**like＋動詞の ing 形**〉の形を使います。

➡「～することが得意」は，〈**be good at＋動詞の ing 形**〉の形を使います。

つぎ ココ! 「～することが好き」，「～することが得意」の文の作り方

I cook Japanese dishes.
（私は日本食を料理します。）

I like cooking Japanese dishes.
（私は日本食を料理することが好きです。）

You are good at cooking Japanese dishes.
（あなたは日本食を料理することが得意です。）

like，be good at の後ろの
動詞は ing 形になるんだね。

まとめよう 「～することが好き」は〈like＋動詞の ①______〉で表し，「～することが得意」は〈②______＋動詞の ing 形〉で表します。

さらに ココ! 動詞の ing 形の作り方

➡ ふつうは語尾に ing をつける。　例 **play→ playing，go→ going**

➡ 語尾が e のときは e をとって ing をつける。
例 **make→ making，have→ having**

➡ 語尾が短母音＋子音字のときは子音字を重ねて ingをつける。
例 **run→ running，swim→ swimming**

基本問題

解答⇒別冊 p.8
答え合わせが終わったら，音声を聞きましょう。

1 次の英文の(　　)内の語を適切な形に書きかえましょう。

(1) I like (run).　(　　　　)

(2) You are good at (play) baseball.　(　　　　)

(3) I don't like (dance).　(　　　　)

2 次の日本文に合うように，[　　]内の単語を並べかえましょう。

(1) 彼女はピアノをひくことが得意です。
[the piano / at / she / good / is / playing / .]

____

(2) あなたはスキーをすることが好きですか。
[skiing / you / do / like / ?]

____

3 次の日本文を英語にしましょう。

(1) 私はテレビを見ることが好きです。

____
見る：watch　テレビ：TV

(2) あなたは料理をすることが得意ですか。

____
料理をする：cook

疑問文だから Are you で文を始めるよ。

①ing形　②be good at

21 ～しなさい，～してはいけません

Use this computer. 命令文　Don't use this computer. 否定の命令文

まず ココ! 「～しなさい」，「～してはいけません」

- 相手に対して，「～しなさい」と指示したり，「～してください」とたのんだりするときは，動詞から文を始める**命令文**で表現します。
- 命令文の前に **Don't** を置いて，「～してはいけません」という**禁止**の表現を表すことができます。

つぎ ココ! 「～しなさい」，「～してはいけません」の文の作り方

まとめよう　命令文では，主語 ①[　　　] を使わず，動詞で文を始めます。命令文の前に Don't を置くと，動作を禁止する「②[　　　]」という意味になります。③[　　　] を文頭か文末に置くと，ていねいな表現になります。

さらに ココ! Let's で始める命令文

- 命令文の前にLet'sを置くと「～しよう」と相手に提案する文になります。

Let's ride that roller coaster.
しよう　乗る　ジェットコースター

All right. / OK. / Yes, let's. / Sure.（いいよ）
No, let's not.（いや，よそうよ）

解答⇒別冊 p.8
答え合わせが終わったら，音声を聞きましょう。

基本問題

1 次の日本文に合うように，(　　)に英語を入れましょう。

(1) いま英語を勉強しなさい。 (　　　　) English now.

(2) 歌を歌ってください。 (　　　　)(　　　　) a song.

(3) 学校へ行きましょう。 (　　　　)(　　　　) to school.

(4) 教科書を開いてはいけません。

(　　　　)(　　　　) your textbook.

2 次の英文を(　　)内の語を用いて，命令文に書きかえましょう。

(1) You are quiet now. (please)

____

(2) You go to school by bus. (don't)

____

pleaseは文の初めにも置けるし，終わりにも置けるよ。

3 次の日本文を英語にしましょう。

いまトム(Tom)の家に行きましょう。— いいえ，やめておきましょう。

____

もう一歩

「～でいなさい」「～になってはいけません」と命令するときは何ていうの？

「～でいなさい」というときは，Be で始める命令文になるよ。「～になってはいけません」というときは，Don't be で始める命令文になるよ。

be は be 動詞(is・am・are)の原形なんだよ。それじゃあ，be 動詞の命令文になるのはどんな文なんだろう。それは「人やもののようすを表すことば」の形容詞が使われている文なんだよ。

You are quiet.（quiet：静かな） → **Be quiet.**（静かでいなさい。）

You are sad.（sad：悲しい） → **Don't be sad.**（悲しんではいけません。）

左ページの答 ① You　② ～してはいけません　③ please

22 ～できます，～できません，～できますか

He can play the piano. 助動詞 can の用法　He cannot[can't] play the piano. can の否定文・疑問文

まず ココ! 「～できます」，「～できません」，「～できますか」

- can＋動詞の原形で，「～できます」と能力や可能の意味を表します。
- 「～できません」と否定するときは，cannot[can't]を動詞の前に置きます。
- 「～できますか」と相手にたずねるときは，Can を文頭に置きます。

つぎ ココ! 「～できます」，「～できません」の文の作り方

「～できます」

He plays the piano.（He：3人称単数　plays：s がつくよ！（3人称単数現在形））
（彼はピアノをひきます。）

He can play the piano.（play：動詞の原形）
（彼はピアノをひくことができます。）
（can：主語が何であっても can の形は変わらない）

「～できません」（動詞の前に cannot [can't]を置く）

He cannot[can't] play the piano.（play：動詞の原形）
（彼はピアノをひくことができません。）

主語が何であっても〈can＋動詞の ① 〉の形は変わりません。

「～できません」は〈 ② ＋動詞の原形〉で表されます。

さらに ココ! 「～できますか」の文の作り方

- 「～できますか」は，canを主語の前に出して表します。canを使った疑問文には，canで答えます。

疑問文 **Can you read *kanji*?**（you：主語　read：動詞の原形）
（can を主語の前に出す）
（あなたは漢字を読むことができますか。）

［答え方］ **Yes, I can.**（はい，できます。）
No, I cannot[can't].（いいえ，できません。）

基本問題

解答⇒別冊 p.8
答え合わせが終わったら，音声を聞きましょう。

1 次の英文を日本語にしましょう。

(1) Keiko cannot swim well.

(　　　　　　　　　　　　　　　　)

(2) Can your brother write English words?

(　　　　　　　　　　　　　　　　)

2 次の英文を，(　　)内の指示にしたがって書きかえましょう。

(1) He sings this song well.（can を用いた文に）

____

(2) We can buy this cake.（疑問文に）

____

(3) Ellen can read this book.（否定文に）

____

3 次の日本文に合うように，[　　]内の単語を並べかえましょう。

(1) 生徒たちはこの部屋を使うことができます。

[the / this / use / students / room / can / .]

____

(2) あなたはあの星を見ることができますか。

[you / see / can / star / that / ?]

____

(3) いつあなたはスケートをすることができますか。

[skate / when / you / can / ?]

____

左ページの答　①原形　② cannot[can't]

23 ～してくれませんか，～してもいいですか

Can you open this bottle for me? 依頼・許可の文

まず ココ! 「～してくれませんか」，「～してもいいですか」

➡ Can で始まる疑問文には，「～してくれませんか」という依頼や，「～してもいいですか」という許可を求める表現もあります。

つぎ ココ! 「～してくれませんか」の文の作り方

依頼

「私にかわって」という意味をふくむよ

Can you open this bottle for me ?
（私のためにこのビンを開けてくれませんか。）

［答え方］

Yes, of course. （はい，もちろん。）
All right. / OK. / Sure. （いいですよ。）
(I'm) Sorry, I cannot[can't].
（残念ですが，できません。）
Sorry, I'm busy now.
（残念ですが，いま忙しいです。）

断るときに理由を加えるとていねいないい方になるよ

「～してくれませんか」と相手に [　　　　] するときは，〈Can you＋動詞の原形～?〉で表します。

さらに ココ! 「～してもいいですか」の文の作り方

➡「～してもいいですか」と許可を求めるいい方は，〈Can I＋動詞の原形～?〉で表すことができます。

許可

Can I use your pen? （あなたのペンを使ってもいいですか。）

［答え方］

Yes, of course. （はい，もちろん。）
All right. / OK. / Sure. （いいですよ。）
(I'm) Sorry, you cannot[can't].
（残念ですが，だめです。）

基本問題

解答⇒別冊 p.9
答え合わせが終わったら，音声を聞きましょう。

1 次の英文を日本語にしましょう。

(1) Can you clean your room?

(　　　　　　　　　　　　　　　　　　　　)

(2) I'm sorry, I cannot clean it now. ((1)の疑問文に対する答え)

(　　　　　　　　　　　　　　　　　　　　)

(3) Can I go to school by bike?

(　　　　　　　　　　　　　　)

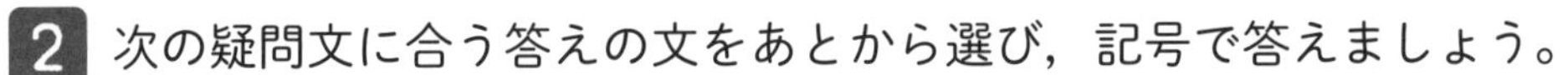

2 次の疑問文に合う答えの文をあとから選び，記号で答えましょう。

(1) Can you sing for me?

(2) Can I see your book?

(3) Can I go home now?

(4) Can you write English?

(1) ＿＿＿＿　(2) ＿＿＿＿　(3) ＿＿＿＿　(4) ＿＿＿＿

ア I'm sorry, you can't.

イ Sure. Here you are.

ウ No, I can't.

エ Sorry, I have no time.（time：時間）

3 次の日本文を英語にしましょう。

このドアを開けてもいいですか。

＿＿＿＿＿＿＿＿＿＿＿＿＿＿＿＿＿＿＿＿＿＿＿＿

もう一歩

Can you ～? の表現

ていねいな依頼の表現ではないので，友人どうしや家族間で使われるよ。

Can you open the door, please?
(そのドアを開けてくれませんか。)

（please をつけると少していねいな言い方になるよ）

左ページの答　依頼

確認テスト ⑥

解答⇒別冊p.9

目標得点：70点

/100

1 次の日本文に合うように，（　　）に英語を入れましょう。（6点×4＝24点）

⑴ 今日は学校へ行かないように。

(　　　　　) go to school today.

⑵ この箱を開けてもいいですか。

(　　　　　) I open this box?

⑶ あなたは何時に昼食を食べますか。

What (　　　　　) do you eat lunch?

⑷ 私は泳ぐことが得意です。

I'm (　　　　　) at swimming.

2 次の英文を日本語にしましょう。（8点×3＝24点）

⑴ I cannot speak English well.

(　　　　　　　　　　　　　　　　　　　　)

⑵ Can you make dinner for me?

(　　　　　　　　　　　　　　　　　　　　)

⑶ What color do you like?

(　　　　　　　　　　　　　　　　　　　　)

◎ ていねいな命令文には，文頭か文末に please をつけるよ。
◎ can には「～できる」という意味のほかに，Can you ～?（依頼），Can I ～?（許可）の意味もあるよ。

3 次の英文を，(　　)内の指示にしたがって書きかえましょう。（8点×3＝24点）

(1) Taro carries these books.（can を用いて）

____

(2) You can have this cake.（否定文に）

____

(3) Don't be noisy in this room.（ていねいな命令文に）

____

4 次の日本文に合うように，[　　]内の単語を並べかえましょう。（7点×2＝14点）

(1) あなたは何の教科が好きですか。[do / what / subject / like / you / ?]

____

(2) 私の兄弟はサッカーをすることが好きです。
[soccer / my / like / playing / brothers / .]

____

5 次の日本文を英語にしましょう。（7点×2＝14点）

(1) この歌を歌いましょう。— いいえ，やめておきましょう。

____

(2) 何時ですか。

____

答え合わせが終わったら，音声を聞きましょう。

これで レベルアップ

Let's って何かの短縮形なの？

命令文の１種で「～しよう」と提案の意味をもつ Let's は，Let us を短縮したものなんだよ。

第4章

24 だれの？，～の，～のもの

Whose ice cream is this?（疑問詞 Whose / 代名詞の所有格 / 所有代名詞）

まず ココ！ 「だれの？」とたずねる文と答え方

- 「だれの？」と持ち主をたずねるときは，〈**Whose＋名詞**〉で文を始めます。
- 名まえや人を表す語句に **'s** をつけると，「**～の(もの)**」という意味になります。

つぎ ココ！ whose を使った疑問文と答え方

だれの　名詞（人やものの名まえ）

Whose ice cream is this?

be 動詞＋主語
↑ be 動詞の疑問文の語順

［答え方］

所有格（～の）＋名詞

It's your ice cream.

（それはあなたのアイスクリームです。）

所有代名詞（～のもの）

It's yours.　（それはあなたのものです。）

It's my sister's.　（それは姉のものです。）

まとめよう

代名詞の ① ＿＿＿＿ は，単独で用いられず，後ろに名詞を置きます。「～のもの」という意味を表すときは， ② ＿＿＿＿ と，名詞の後ろに 's をつける２つの形があります。

さらに ココ！ 代名詞の「～の」「～のもの」の形

	～の	～のもの		～の	～のもの
私	**my**	**mine**	私たち	**our**	**ours**
あなた	**your**	**yours**	あなたたち	**your**	**yours**
彼	**his**	**his**	彼ら	**their**	**theirs**
彼女	**her**	**hers**	彼女ら		
それ	**its**	－	それら		
タケシ	**Takeshi's**	**Takeshi's**			

「～の」と「～のもの」が同じ形だね

基本問題

解答⇒別冊 p.9
答え合わせが終わったら，音声を聞きましょう。

1 次の単語の所有代名詞を書きましょう。

(1) I －(　　　　)　(2) you －(　　　　)

(3) he －(　　　　)　(4) she －(　　　　)

(5) we －(　　　　)　(6) they －(　　　　)

2 次の英文を日本語にしましょう。

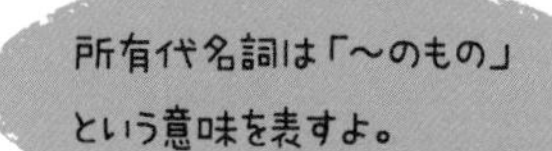

(1) Whose pen is this? — It's hers.

(　　　　　　　　　　　　　　　　)

(2) Whose computer is that? — It's my brother's.

(　　　　　　　　　　　　　　　　)

3 次の英文の誤りを直して，全文を正しく書きましょう。ただし，下線部の語句を用いることとします。

(1) This is a my desk. ＿＿＿＿＿＿＿＿

(2) I like brother your. ＿＿＿＿＿＿＿＿

(3) Whose house this is? ＿＿＿＿＿＿＿＿

(4) That is my sister car. ＿＿＿＿＿＿＿＿

もう一歩

複数名詞のときの「's」ってどうやってつけるの？

名詞の複数形は語尾に s または es がつくので，後ろに「's」をつけると，s's または es's という形になってしまって，発音がしづらいよね。複数名詞のときは，'(アポストロフィ)だけをつけて表すんだよ。

my brothers'　(私の兄[弟]たちのもの)
my brothers' bags　(私の兄[弟]たちのかばん)

左ページの答　①所有格　②所有代名詞

25 How old ~?, How long ~?, How tall ~?

How old are you? （年齢，長さ，高さをたずねる）

まず ココ！ How old / long / tall ～? の意味

- 年齢をたずねるときは How old を文頭に置いて，あとに疑問文の形を続けます。
- ものの長さをたずねるときは How long を文頭に置いて，あとに疑問文の形を続けます。
- 高さをたずねるときは How tall を文頭に置いて，あとに疑問文の形を続けます。

つぎ ココ！ How old / long / tall ～? の文の作り方

年齢 をたずねる
How old are you?
何歳　be 動詞　主語

長さ をたずねる
How long is the bridge?
どのくらい長い　be 動詞　主語（その橋）

高さ をたずねる
How tall are you?
どのくらい高い　be 動詞　主語

まとめよう
「何歳～？」は How ①[　　　]，「どのくらい長い～？」は How ②[　　　]，「どのくらい高い～？」は How ③[　　　] を文頭に置いて，疑問文の形を続けます。

さらに ココ！ How old / long / tall ～? の文の答え方

- Yes や No ではなく，具体的な数を答えます。

How old are you? — I am thirteen years old. （私は 13 歳です。）
How long is the bridge? — It is 336 meters (long). （336 メートルです。）
How tall are you? — I am 1 meter 55 centimeters (tall). （私は 1 メートル 55 センチです。）

基本問題

解答⇒別冊 p.10
答え合わせが終わったら，音声を聞きましょう。

1 次の英文を日本語にしましょう。

(1) How old are you?

(　　　　　　　　　　　　　　　　　)

(2) I am fourteen years old.

(　　　　　　　　　　　　　　　　　)

2 次の日本文に合うように，(　　)に英語を入れましょう。

(1) ケイコは何歳ですか。 (　　　　)(　　　　) is Keiko?

(2) この川はどのくらいの長さですか。

(　　　　)(　　　　) is this river?
　　　　　└→長い

(3) スミスさんはどのくらい背が高いですか。

(　　　　)(　　　　) is Mr. Smith?
　　　　　└→高い

3 次の日本文を英語にしましょう。

この建物はできてからどのくらいになりますか。—10年です。

____

建物：building

もう一歩

Howと別の語を組み合わせた疑問文

How much ～? は値段や量をたずねるときに使われるよ。

How much is this book?
(この本はいくらですか。)

It's eight hundred yen.
値段 (800円です。)

How much milk do you drink?
(あなたはどのくらい牛乳を飲みますか。)

I drink a liter.
量 (私は1リットル飲みます。)

左ページの答 ①old ②long ③tall

26 どちら？

Which is your favorite, cheese pizza or seafood pizza? 疑問詞 which

まず ココ! 「どちら？」とたずねる表現

which は数が限られたものや人の中で，「どちら，どれ」をたずねるときに使います。

つぎ ココ! which を使った疑問文

文頭にもってくる

Which is your favorite, cheese pizza or seafood pizza?
(Which：どちら　favorite：お気に入り　cheese pizza：チーズピザ　seafood pizza：シーフードピザ)

（どちらがあなたのお気に入りのピザですか，チーズピザですか，シーフードピザですか。）

［答え方］ **Cheese pizza!**
（チーズピザです。）

まとめよう

which は ① ＿＿＿＿ に置きます。which の疑問文では，選ぶものをコンマで区切って A ② ＿＿＿＿ B で表します。

さらに ココ! 〈Which＋名詞 ～?〉の疑問文と答え方

2つ(人)以上のものや人の中で「どちらの～」と選択をたずねるときは〈Which＋名詞〉が用いられます。

Which bike is yours? （どちらの自転車があなたのものですか。）
(Which：どちらの　bike：名詞　yours：あなたのもの)

［答え方］ **That black one is.** （あの黒い自転車です。）

one：bike のこと：英語では同じ名詞のくり返しをさけるために使われます

基本問題

解答⇒別冊 p.10
答え合わせが終わったら，音声を聞きましょう。

第1章 第2章 第3章 第4章 第5章 第6章 第7章 第8章

1 次の英文を日本語にしましょう。

(1) Which do you drink for breakfast, milk or tea?

(　　　　　　　　　　　　　　　　)

(2) Which bike is Keiko's? — This one is.

(　　　　　　　　　　　　　　　　)

2 次の日本文に合うように，(　　)内から正しいものを選びましょう。

(1) 彼は誕生日に自転車かギターのどちらがほしいですか。

(What / Who / Which) does he want for his birthday, a bike (and / or / but) a guitar?

(2) どちらの家がエレンのですか。— あれが彼女のです。

(Where / Whose / Which) house is Ellen's?

— That is (she / she's / her / hers).

文の終わりが代名詞になるときは，所有代名詞を使うよ。

3 次の日本文に合うように，[　　]内の単語を並べかえましょう。

彼はコーヒーか紅茶のどちらがほしいですか。

[coffee or / want / does / tea / which / he / , / ?]

もう一歩

it と one のちがいって何？

it と one の意味のちがいは何だろう。it は前の名詞と同じものをさしているんだね。それに対して，one は同じ種類のものをさしているんだよ。

A：Look at my bag.　(私のかばんを見て。)

B：It's nice. I want one.　(すてきね。私もかばんがほしいな。)

左ページの答　①文頭　② or

27 なぜ，～だから，どうやって

Why does Tomomi go to Thailand? why / because / how

まず ココ! 「なぜ」，「～だから」，「どうやって」

- 「なぜ」と理由をたずねるときは，**why** を使います。
- 「(なぜなら)～だから」と理由を答えるときは，**because** を使います。
- 「どうやって」と方法や手段をたずねるときは，**how** を使います。

つぎ ココ! Why ～? Because .... の文の作り方

文頭に置く「なぜ」

Why does Tomomi go to Thailand?

疑問文の語順

(なぜトモミはタイに行きますか。)

Because の後ろに理由を表す文を置くよ

[答え方] **Because she likes Thai food.**

文頭に置く「…だから」

(なぜなら彼女はタイ料理が好きだからです。)

「① ＿＿＿＿」と理由をたずねるときは，Why を文頭に置いた疑問文にします。Why ～? の疑問文に答えるときは，② ＿＿＿＿ を使って表します。

さらに ココ! How ～? の疑問文と答え方

- 「どうやって」と方法や手段をたずねるときは，how を使います。

I go to school by bike. (私は自転車で学校へ行きます。)

どうやって

How do you go to school?

疑問文の語順

交通手段を答えるときは，〈by＋乗り物〉の形になるよ

[答え方] **By bike.** (自転車で行きます。)

by のあとには a や the をつけないよ

基本問題

解答⇒別冊 p.10
答え合わせが終わったら，音声を聞きましょう。

1 次の日本文に合うように，(　　)に why か how を入れましょう。

(1) なぜあなたは走るのですか。

(　　　　　) do you run?

(2) 彼はどうやって来ますか。

(　　　　　) does he come?

2 次の疑問文に(　　)内の語を使って答えましょう。

(1) Why do you like this cat? (it, pretty)
pretty：かわいい

____

(2) How does she go to school? (bus)

____

3 次の日本文に合うように，[　　]内の語句を並べかえましょう。

(1) あなたのお兄さんはなぜ英語を勉強するのですか。

[your / English / does / why / brother / study / ?]

____

(2) エレンとケイトはこの箱をどうやって作りますか。

[make / this / Ellen and Kate / how / do / box / ?]

____

左ページの答　①なぜ　② because

確認テスト ⑦

解答⇒別冊p.10

目標得点：70点

/100

1 次の日本文に合うように，(　　)内から正しいものを選びましょう。

（8点×4＝32点）

(1) 信濃川はどのくらいの長さですか。

How (long / old / tall) is the Shinano River?

(2) 彼はなぜ毎日サッカーを練習するのですか。

(What / Which / Why) does he practice soccer every day?

(3) イヌとネコでは，あなたはどちらがほしいですか。

(Which / How / Why) do you want, a dog or a cat?

(4) 彼女はどのようにして英語を勉強しますか。

(How / Because / Why) does she study English?

2 次の日本文に合うように，[　　]内の単語を並べかえましょう。（8点×3＝24点）

(1) あなたは数学と理科ではどちらの教科が好きですか。

[do / which / subject / like / you], math or science?

______________________________, math or science?

(2) あなたの弟は何歳ですか。

[your / is / old / brother / how / ?]

____

(3) これはだれの家ですか。

[house / this / whose / is / ?]

____

得点UP アドバイス

- 疑問詞は必ず文頭に置くこと。
- whose や which などの直後に名詞がくると,「だれの」「どちらの」という意味になるよ。
- 交通手段は〈by＋乗り物〉で答えるよ。名詞の前に a や the をつけないでね。

第1章 第2章 第3章 第4章 第5章 第6章 第7章 第8章

3 次の英文を日本語にしましょう。(8点×2＝16点)

(1) Why do you like this dog?

(　　　　　　　　　　　　　　　　　　　　)

(2) Because it is very cute.(かわいい)

(　　　　　　　　　　　　　　　　　　　　)

4 次の疑問文に合う答えの文をあとから選び,記号で答えましょう。

(5点×4＝20点)

(1) How do you come here? (　　　)

(2) Why does he go to Australia? (　　　)

(3) Which bike is hers? (　　　)

(4) Whose pen is this? (　　　)

ア The white one is.　　イ By bus.

ウ Because his brother lives there.　　エ It's his.

5 次の日本文を英語にしましょう。(8点)

あなたはどのようにしてその箱を作りますか。

答え合わせが終わったら,音声を聞きましょう。

how は方法や手段のほかに,健康状態や天気,ようすをたずねるときにも使われるよ。

How are you?「お元気ですか」, How is the weather?「天気はどうですか」などの表現もできるんだよ。

28 第5章 ～しています

He is using a computer now. 現在進行形

まず ココ! 「～しています」

➡「～しています(しているところです)」というように，進行中の動作を表すとき，〈be 動詞(is, am, are)＋動詞の ing 形〉の形を使います。

つぎ ココ! 「～しています」の文の作り方

現在形

3人称単数現在形

He uses a computer every day.

(彼は毎日コンピュータを使います。)

習慣(くり返される動作)の意味をふくんでいるよ！

現在進行形

He is using a computer now.

(彼はいまコンピュータを使っています。)

いま進行している動作を表しているよ！

現在進行形は，動詞の ing 形の前には主語に合わせて，[　　　　]を入れます。「(いま)～しています」というように，いま現在実際に行われている動作を表します。

さらに ココ! 動詞の ing 形の作り方

➡ ～ing の作り方には3通りの方法があります。

① そのまま ing をつける	例 play → playing study → studying
② e で終わる語は最後の e をとって ing	例 make → making write → writing
③ 最後の文字を重ねて ing	例 run → running stop → stopping

単語の数は少ないので，変化形そのものを覚えよう！

基本問題

解答⇒別冊 p.11
答え合わせが終わったら，音声を聞きましょう。

1 次の動詞の ing 形を書きましょう。

(1) sing -（　　　）　(2) come -（　　　）

(3) study -（　　　）　(4) run -（　　　）

2 次の英文を日本語にしましょう。

(1) I am speaking English.

（　　　　　　　　　　　　　）

(2) She is writing a letter.
letter：手紙

（　　　　　　　　　　　　　）

(3) He is swimming very fast.
fast：速く

（　　　　　　　　　　　　　）

3 次の日本文に合うように，（　　）に英語を入れましょう。

(1) 私たちは学校へ行っているところです。

We（　　　）（　　　）to school.

(2) 彼らは夕食を食べています。

They（　　　）（　　　）dinner.

もう一歩

現在進行形にできない動詞ってあるの？

study(勉強する)や run(走る)など動作(体の動き)を表す動詞は進行形にできるけれど，have(持っている)，like(好き)など状態や心の動きを表す動詞は進行形にできないから気をつけてね。

左ページの答 be 動詞

29 ～していますか，～していません

Is she playing tennis now? 現在進行形の疑問文・否定文

まず ココ! 「～していますか」，「～していません」

- ➡「～していますか」と進行形でたずねるときは，**be 動詞を主語の前**に出します。
- ➡「～していません」と進行形で否定するときは，**be 動詞のあとに not** を置きます。

つぎ ココ! 「～していますか」の文の作り方

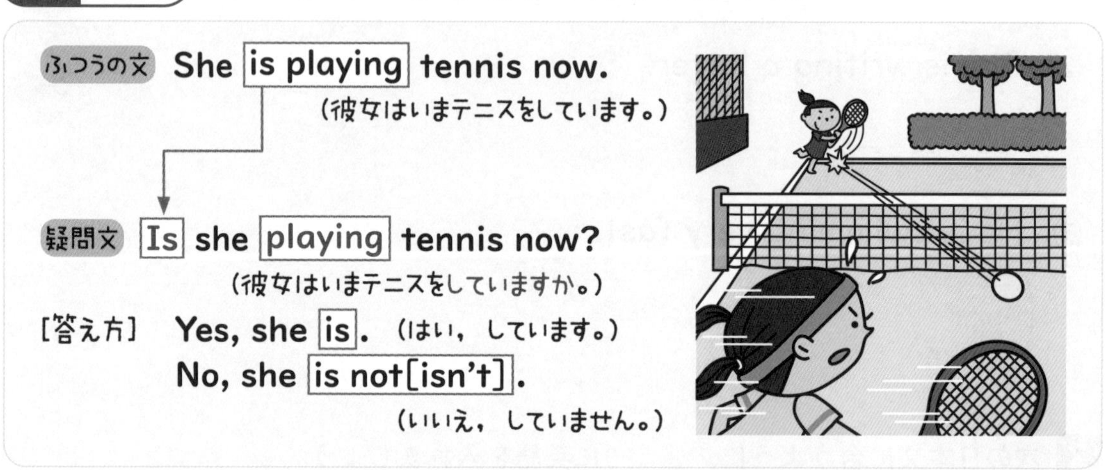

まとめよう 現在進行形の疑問文は，一般動詞現在形の疑問文のように do や does を使うことができません。[　　　　]を主語の前にもってきます。

さらに ココ! 「～していません」の文の作り方

➡ 現在進行形の否定文は，一般動詞現在形の否定文のように don't や doesn't を使うことができません。**be 動詞の後ろに not** を置いて表します。

ふつうの文 She is playing tennis now.
（彼女はいまテニスをしています。）

↓ be 動詞の後ろに not を置く

否定文 She is not[isn't] playing tennis now.
（She's）
（彼女はいまテニスをしていません。）

基本問題

解答⇒別冊 p.11
答え合わせが終わったら，音声を聞きましょう。

1 次の英文を日本語にしましょう。

(1) He is not running.

(　　　　　　　　　　　　　　　　　　　　)

(2) Is she walking with her sister?

(　　　　　　　　　　　　　　　　　　　　)

2 次の日本文に合うように，(　　)に英語を入れましょう。

ingのつけ方に
注意しよう。

(1) 私は本を読んでいません。

I (　　　　) (　　　　) (　　　　) a book.

(2) あなたは夕食を作っていますか。

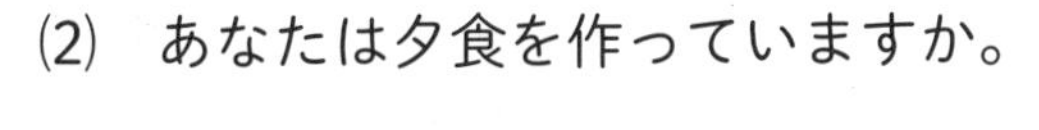

(　　　　) you (　　　　) dinner?

3 次の日本文に合うように，[　　]内の単語を並べかえましょう。

(1) 私の弟はテレビを見ていません。

[not / brother / TV / my / watching / is / .]

____

(2) あなたの子どもは学校へ行っているところですか。

[to / going / child / is / school / your / ?]

____

左ページの答 be動詞

30 …は何を(どこで)～していますか

What are they doing? (疑問詞つきの現在進行形疑問文)

まず ココ! 「…は何を(どこで)～していますか」

- 「…は何を～していますか」は，〈What is[are]＋主語＋～ing?〉で表されます。
- 「…はどこで～していますか」は，〈Where is[are]＋主語＋～ing?〉で表されます。

つぎ ココ! 「…は何を～していますか」の文の作り方

現在進行形の疑問文

Are they making cakes?（彼らはケーキを作っていますか。）

疑問詞の疑問文

Whatを文頭に置く ← これをWhat(何を)に変えると

What are they making?

（彼らは何を作っていますか。）

What are they doing?

（彼らは何をしていますか。）

［答え方］ **They are making cakes.**

（彼らはケーキを作っています。）

まとめよう

「…は何を～していますか」とたずねるときは，Whatを［　　　　］に置きます。答えるときは，YesやNoを使わず，具体的に何をしているかを答えます。

さらに ココ! 「…はどこで～していますか」の文の作り方

- 〈Where is[are]＋主語＋～ing?〉の疑問文に答えるときは，in「～の中に」, under「～の下に」, by「～のそばに」などを使って場所を表します。

Where are they playing table tennis?

（彼らはどこで卓球をしていますか。）

［答え方］ **They are playing it in the classroom.**

（in the classroom：場所を表す語句）

（彼らは教室でしています。）

基本問題

解答⇒別冊 p.11
答え合わせが終わったら，音声を聞きましょう。

1 次の英文を日本語にしましょう。

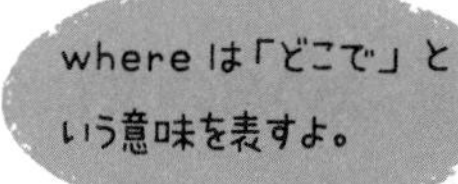

(1) What are you studying?

(　　　　　　　　　　　　　　　　　　　　)

(2) Where is she having lunch?

(　　　　　　　　　　　　　　　　　　　　)

2 次の日本文に合うように，(　　)に英語を入れましょう。

(1) 彼は何をしていますか。

(　　　　)(　　　　) he (　　　　)?
└→何を

(2) トムはどこで手紙を書いていますか。

(　　　　)(　　　　) Tom (　　　　) a letter?
└→どこで　　　　　　　　　　　　　　　　手紙

3 次の日本文を英語にしましょう。

(1) あなたは何を読んでいますか。

____

(2) 彼女はどこで昼食を食べていますか。

____

彼女は台所で食べています。

____

台所：kitchen

左ページの答 文頭[文の最初]

確認テスト ⑧

目標得点：70点

/ 100

解答⇒別冊p.12

1 次の日本文に合うように，(　　)に英語を入れましょう。(8点×4＝32点)

(1) 私は宿題をしています。

I (　　　　) (　　　　) my homework.

(2) あなたのお父さんはいま料理をしていません。

Your father (　　　　) (　　　　) now.
└→料理をしている

(3) あなたは英語の手紙を書いていますか。

(　　　　) you (　　　　) an English letter?

(4) 彼女は何を作っていますか。

(　　　　) (　　　　) she (　　　　)?

2 次の英文を，(　　)内の指示にしたがって書きかえましょう。(8点×3＝24点)

(1) He is singing a song.（否定文に）

____

(2) She is making a chocolate cake.（疑問文に）

____

(3) You are reading <u>a book</u>.（下線部をたずねる疑問文に）

____

得点UP アドバイス

- 進行形は be 動詞を使うので，do や does といっしょに使うことはできないよ。
- write や make などの動詞に ing がつくとどうなったかな。
- 「何を～していますか」は文頭に What を置いて，進行形の疑問文の形を続けるよ。

3 次の疑問文に合う答えの文をあとから選び，記号で答えましょう。

（6点×4＝24点）

(1) What are you watching?　（　　　）

(2) Are you walking now?　（　　　）

(3) Do you have a bag?　（　　　）

(4) Where are you playing soccer?　（　　　）

ア No, I don't.　イ Yes, I am.

ウ Many birds.　エ In the park.

4 次の日本文を英語にしましょう。（10点×2＝20点）

(1) あなたのお兄さんは何を勉強していますか。

____

(2) 彼らはどこへ行っているところですか。

____

答え合わせが終わったら，音声を聞きましょう。

これで レベルアップ

毎日習慣的に行っている動作をいうときも，現在進行形を使うの？

「ふだん（日ごろ）～している」ことは，現在形で表すよ。
進行形は，現在実際に行われている動作だけを表すよ。

31 第6章

～したいです

I want to go to the sea next weekend. （want to ～）

まず ココ! 「～したいです」

- 「～したいです」は，〈want to＋動詞の原形〉で表します。
- 動詞の原形とは，(e)s のつかないもとの形のことです。

つぎ ココ! 「～したいです」の文の作り方

ふつうの文 **I want to go to the sea next weekend.**
（私は来週末，海に行きたいです。）

She wants to go to the sea, too.
s をつける　動詞の原形
（彼女も海に行きたいです。）

疑問文 **Do you want to go to the sea next weekend?**
（あなたは来週末，海に行きたいですか。）

疑問詞を使った疑問文 **What do you want to do?**
（あなたは何がしたいですか。）

まとめよう 「～したいです」は〈want to ＋ ①　　　　〉で表します。疑問文は，②　　　　の疑問文と同じ語順になります。

さらに ココ! 「～になりたいです」の文

- 「～になりたいです」は，〈want to be ～〉で表します。

I want to be a doctor. （私は医者になりたいです。）
He wants to be a teacher. （彼は先生になりたいです。）

基本問題

解答⇒別冊 p.12
答え合わせが終わったら，音声を聞きましょう。

1 次の日本文に合うように，(　　)に英語を入れましょう。

(1) あなたはいま何をしたいですか。

(　　　　　) do you (　　　　　) to do now?

(2) 彼女はテレビが見たいです。

She (　　　　　) to (　　　　　) TV.

(3) 私は警察官になりたいです。

I want (　　　　　)(　　　　　) a police officer.
警察官

2 次の日本文に合うように，[　　]内の語句を並べかえましょう。

(1) 私は明日，映画が見たいです。

[a movie / to / tomorrow / I / see / want / .]

____

(2) あなたはこの本が読みたいですか。

[to / you / want / this book / do / read / ?]

____

(3) あなたは何が飲みたいですか。

[to / do / drink / what / you / want / ?]

____

want と want to ～

want「～がほしい」→後ろに「もの」がくる
・I want coffee.（私はコーヒーがほしいです。）

want to ～「～したい」→後ろに「動作」がくる
・I want to drink coffee.（私はコーヒーが飲みたいです。）

左ページの答 ①動詞の原形　②一般動詞

32 なんて～だろう！

How cute! / What a cute cat! 感嘆文

まず ココ！ 「なんて～だろう！」

- 「なんて～だろう！」と，感動を表す文を感嘆文(かんたんぶん)といいます。
- 〈How＋ 形容詞［副詞］！〉や〈What ＋ 名詞をふくむ語句！〉で表します。

つぎ ココ！ 「なんて～だろう！」の文の作り方

〈How＋形容詞［副詞］！〉

How cute! （なんてかわいいのだろう！） How＋形容詞

How fast! （なんて速いのだろう！） How＋副詞

〈What ＋ 名詞をふくむ語句！〉

What a cute cat! （なんてかわいいネコだろう！）

What an interesting book! （なんておもしろい本だろう！）

まとめよう 「なんて～だろう！」は〈① ＿＿＿ ＋形容詞［副詞］！〉または〈② ＿＿＿ ＋名詞をふくむ語句！〉で表すことができます。

さらに ココ！ 〈What ＋名詞をふくむ語句！〉の名詞の形

- what のつぎにくる名詞が複数（２つ以上）のときや，数えられない名詞のときは，名詞の前に a や an を入れないように注意しましょう。

複数のとき

What beautiful flowers! （なんて美しい花だろう！）

a を入れない

数えられない名詞のとき

What clean air! （なんてきれいな空気だろう！）

a を入れない　s をつけない

air（空気），milk（牛乳），snow（雪），sugar（砂糖），love（愛），rice（米）のように，小さすぎたり，形がないものは数えられない名詞（不可算名詞）なんだね。

基本問題

解答⇒別冊 p.12
答え合わせが終わったら，音声を聞きましょう。

1 次の英文を日本語にしましょう。

(1) What a lot of books!

(　　　　　　　　　　)

(2) How delicious!

(　　　　　　　　　　)

2 次の日本文に合うように，(　　)に英語を入れましょう。

(1) なんてすてきな自転車だろう！

(　　　　) a nice bike!

(2) なんて親切なのだろう！

(　　　　) kind!

(3) なんて寒いのだろう！

(　　　　)(　　　　)!

(4) なんて小さい鳥だろう！

(　　　　) a (　　　　) bird!

3 次の日本文を英語にしましょう。

(1) なんて簡単な本だろう！

____

簡単な：easy

(2) なんて美しい雪だろう！

____

(3) なんて大きいのだろう！

____

左ページの答 ① How　② What

確認テスト ⑨

解答⇒別冊p.13

目標得点：70点

/ 100

1 次の日本文に合うように，(　　)に英語を入れましょう。（7点×4＝28点）

(1) なんてかっこいいのだろう！

(　　　　　) cool!

(2) 彼は本を読みたいです。

He (　　　　　) to read a book.

(3) なんてわくわくする試合だろう！

(　　　　　) an exciting game!

(4) あなたは何になりたいですか。

(　　　　　) (　　　　　) you want to (　　　　　)?

2 次の英文を日本語にしましょう。（7点×4＝28点）

(1) What do you want to eat for lunch?

(　　　　　　　　　　　　　　　　　　　　)

(2) How interesting!

(　　　　　　　　　　　　　　　　　　　　)

(3) What a nice day!

(　　　　　　　　　　　　　　　　　　　　)

(4) She wants to be a cook.

cook：料理人

(　　　　　　　　　　　　　　　　　　　　)

得点UP アドバイス

- 「なんて～だろう！」の文は，次に続く語(句)で what か how を使い分けることに注意してね。
- 主語が何人称でも，want(s) to のあとは動詞の原形を置くよ。

3 次の日本文に合うように，[　　]内の単語を並べかえましょう。（7 点 × 4 ＝28点）

(1) なんてかわいい赤ちゃんなのだろう！

[what / a / baby / cute / !]

(2) 私は上手に英語を話したいです。

[want / well / speak / I / to / English / .]

(3) あなたは何が買いたいですか。

[to / what / buy / you / want / do / ?]

(4) 私といっしょに来たいですか。

[you / come / me / to / with / want / do / ?]

4 次の日本文を英語にしましょう。（8 点 × 2 ＝16点）

(1) なんて難しいのだろう！

(2) 彼女は動物園に行きたいです。

答え合わせが終わったら，音声を聞きましょう。

33 第7章 ～しました ①

I watched TV yesterday. 過去形

まず ココ! 「～しました」

➡「～しました」というときは，過去形を用います。

➡ 過去形は，一般動詞の後ろに(e)d をつけます。

つぎ ココ! 「～しました」の文の作り方

現在形

I watch TV. **He plays tennis.**
私は 見る テレビ 彼は する テニス

過去形

ed をつける

昨日

I watched TV yesterday.

He played tennis yesterday.

一般動詞の後ろに[　　　　]をつけると過去形になります。また，主語が何人称であっても，過去形の形は同じです。

さらに ココ! 気をつける過去形

➡ (e)d のつけ方にも注意しないといけないものがあります。

① like のように e で終わる語は，d のみをつけます。

like (～が好きである) ➡ liked

② study のように〈子音字＋y〉で終わる語は，y を i に変えて ed をつけます。

子音字 → a・i・u・e・o 以外の字

study (～を勉強する) ➡ studied

③ stop のように語尾が短母音＋子音字のときは，子音字を重ねて ed をつけます。

stop (～を止める) ➡ stopped

基本問題

解答⇒別冊 p.13
答え合わせが終わったら，音声を聞きましょう。

1 次の動詞の過去形を書きましょう。

(1) look -（　　　　）　(2) live -（　　　　）

(3) hope -（　　　　）　(4) study -（　　　　）

2 次の英文を日本語にしましょう。

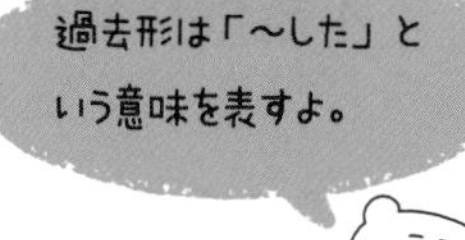

(1) She watched TV yesterday.

（　　　　　　　　　　　　　　　　　　　　）

(2) He played tennis last week.

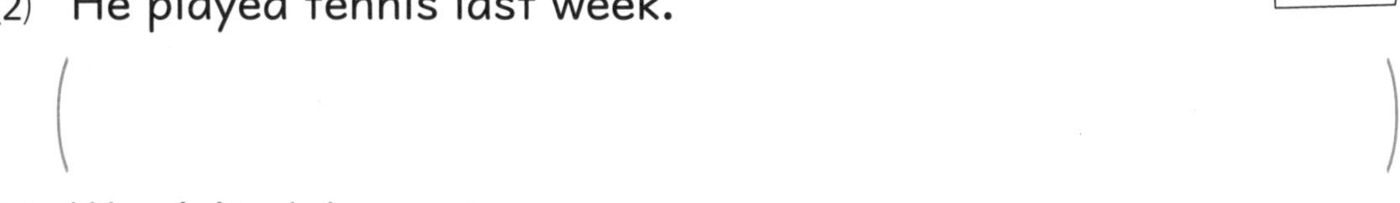

（　　　　　　　　　　　　　　　　　　　　）

(3) We visited Japan two years ago.

（　　　　　　　　　　　　　　　　　　　　）

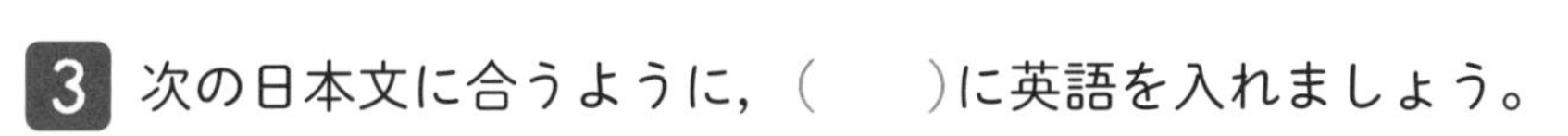

3 次の日本文に合うように，（　　）に英語を入れましょう。

(1) 私は昨年これらの語句を学びました。

I (　　　　) these words (　　　　) (　　　　).

(2) 私の父は３日前に車を洗いました。

My father (　　　　) his car (　　　　)(　　　　)

(　　　　).

過去の時を表す表現

- 〜 ago「(いまから)〜前に」
  an hour ago（１時間前に）
  five years ago（５年前に）
- last 〜「この前の〜，昨〜」
  last night（昨夜）
  last Sunday（この前の日曜日）

左ページの答 (e)d

34 ～しました ②

I went to the park last Sunday. 不規則動詞の過去形

まず ココ！ 不規則動詞の過去形

➡ 一般動詞の過去形には，語尾に(e)dをつけて過去形を作る規則動詞と，不規則に変化する不規則動詞があります。

つぎ ココ！ 不規則動詞の過去形の文の作り方

現在形 **I go to the park every Sunday.**
（私は毎週日曜日に公園に行きます。）

現在形は事実や習慣を表しているよ！

過去形 **I went to the park last Sunday.**
（私はこの前の日曜日に公園に行きました。）

過去形は過去のあるときの動作を表しているよ！

まとめよう
went や saw のように，go や see の過去形はそれぞれの形が変わります。
このような動詞を ＿＿＿＿ といいます。

さらに ココ！ 不規則動詞の文

➡ go → went，do → did，eat → ate，have → had などのように，原形と過去形をセットにして覚えましょう。

現在形
I do my homework. （私は宿題をします。）
He does his homework. （彼は宿題をします。）
3人称単数現在形

過去形
I did my homework. （私は宿題をしました。）
He did his homework. （彼は宿題をしました。）
主語が何であっても，動詞の過去形の形は同じだよ

基本問題

解答⇒別冊 p.13
答え合わせが終わったら，音声を聞きましょう。

1 次の動詞の過去形を書きましょう。

(1) get - (　　　　)　　(2) come - (　　　　)

(3) have - (　　　　)　　(4) do - (　　　　)

2 次の日本文に合うように，(　　)に英語を入れましょう。

(1) 私は昨日学校へ行きました。

I (　　　　) to school (　　　　).

(2) 私たちは先週多くの絵を見ました。

We (　　　　) many pictures (　　　　)(　　　　).

3 次の英文を過去形の文に書きかえましょう。

(1) I have a book in my bag.

____

(2) She does her homework in her room.

____

(3) He comes home with his brother.

____

左ページの答 不規則動詞

35 ～しましたか，～しませんでした

Did he study English yesterday? （過去形の疑問文・否定文）

まず ココ！ 「～しましたか」

➡「～しましたか」は主語の前に Did を置き，〈**Did＋主語＋動詞の原形～？**〉の形で表されます。

つぎ ココ！ 「～しましたか」の文の作り方

ふつうの文 **He studied English yesterday.**
（彼は昨日英語を勉強しました。）

疑問文 **Did he study English yesterday?**（study：動詞の原形）
（彼は昨日英語を勉強しましたか。）

主語が何人称でも文の初めに Did を置くんだよ

[答え方]
Yes, he did.（はい，しました。）
No, he didn't[did not].（いいえ，しませんでした。）

まとめよう

「～しましたか」の文を作るときは，主語が何でも文の初めに［　　　　］を置いて，動詞を原形にします。

さらに ココ！ 「～しませんでした」の文の作り方

➡「～しませんでした」の文を作るときは，主語が何人称でも主語と動詞の間に **didn't[did not]** を置いて，**動詞を原形**にします。

ふつうの文 **My brother drank milk yesterday.**
（私の弟は昨日牛乳を飲みました。）

否定文 **My brother didn't drink milk yesterday.**
［did not］ 動詞の原形
（私の弟は昨日牛乳を飲みませんでした。）

主語と動詞の間に didn't［did not］を入れるんだよ

基本問題

解答⇒別冊 p.14
答え合わせが終わったら，音声を聞きましょう。

1 次の英文を日本語にしましょう。

(1) Did you go to school yesterday?

(　　　　　　　　　　　　　　　　　　　　)

(2) She didn't see Tom last month.

(　　　　　　　　　　　　　　　　　　　　)

2 次の日本文に合うように，(　　)に英語を入れましょう。

(1) あなたはプレゼントをもらいましたか。

(　　　　) you (　　　　) a present?

(2) 彼は新しいボールを持っていませんでした。

He (　　　　) (　　　　) (　　　　) a new ball.

過去形の疑問文は
Did から始めよう。

3 次の日本文に合うように，[　　]内の単語を並べかえましょう。

(1) 彼女はあなたの家に来ましたか。

[come / house / did / your / to / she / ?]

____

(2) 私たちは先週宿題が何もありませんでした。

[last / we / homework / week / have / any / didn't / .]

____

左ページの答 Did

36 …はどこで(いつ，何を)〜しましたか

Where did you stay last night?（疑問詞つきの過去形疑問文）

まず ココ!「…はどこで(いつ)〜しましたか」

➡「…はどこで〜しましたか」は，〈**Where＋did＋主語＋一般動詞の原形 〜?**〉で表されます。

➡「…はいつ〜しましたか」は，〈**When＋did＋主語＋一般動詞の原形 〜?**〉で表されます。

つぎ ココ!「…はどこで(いつ)〜しましたか」の文の作り方

Where　**Where did you stay last night?**
（あなたがたは昨夜どこに滞在しましたか。）

［答え方］ **We stayed at the hotel.**
（私たちはホテルに滞在しました。）

When　**When did you get to the hotel?**
（あなたがたはいつホテルに着きましたか。）

［答え方］ **We got to the hotel at 3 p.m.**
（私たちは午後 3 時にホテルに着きました。）

まとめよう　Where や When は必ず文頭に置きます。疑問詞のあとの語順は，一般動詞の過去形の疑問文なら，〈［　　　　］＋主語＋動詞の原形 〜?〉が続きます。

さらに ココ!「…は何を〜しましたか」の文の作り方

➡「…は何を〜しましたか」は，〈**What＋did＋主語＋一般動詞の原形 〜?**〉で表されます。

what　**What did your father do last night?**
動詞の原形
（あなたのお父さんは昨夜何をしましたか。）

［答え方］ **He watched the movie.**　（彼は映画を見ました。）

解答⇒別冊 p.14
答え合わせが終わったら，音声を聞きましょう。

基本問題

1 次の英文を日本語にしましょう。

(1) What did you do?

(　　　　　　　　　　　　　　　　　　)

(2) Where did he go?

(　　　　　　　　　　　　　　　　　　)

2 次の日本文に合うように，(　　)に英語を入れましょう。

(1) 彼は何を持っていましたか。

(　　　　)(　　　　) he (　　　　)?

(2) トムはどこであなたに会いましたか。

(　　　　)(　　　　) Tom (　　　　) you?

3 次の日本文を英語にしましょう。

(1) あなたは何を手に入れましたか。

____

手に入れる：get

(2) 彼女はどこで宿題をしましたか。

____

(3) 彼女は学校でしました。

____

左ページの答 did

確認テスト ⑩

解答⇒別冊p.14

目標得点：70点

/100

1 次の日本文に合うように，(　　)に英語を入れましょう。(8点×4＝32点)

(1) 彼は昨日英語を勉強しました。

He (　　　　) English yesterday.

(2) 彼女は6時に帰宅しました。

She (　　　　) (　　　　) at six.

(3) 私たちは学校でトムに会いませんでした。

We (　　　　) (　　　　) Tom at school.

(4) あなたは今朝何を食べましたか。

(　　　　) (　　　　) you (　　　　) this morning?

2 次の英文を，(　　)内の指示にしたがって書きかえましょう。(8点×3＝24点)

(1) You went to the park after school. (否定文に)

____

(2) She had many books in her room. (疑問文に)

____

(3) He went to the park yesterday. (下線部を every day に変えて)

____

◎ 一般動詞の過去形には規則動詞と不規則動詞があるので，注意してね。
◎ 一般動詞の過去形の疑問文は，主語が何人称でも文の始めに Did を置くよ。否定文は主語が何人称でも，主語と動詞の間に didn't[did not]を置くんだね。

第1章 第2章 第3章 第4章 第5章 第6章 第7章 第8章

3 次の日本文に合うように，[　　]内の単語を並べかえましょう。（8点×3＝24点）

(1) あなたは私の弟とどこで遊びましたか。

[brother / did / with / where / play / you / my / ?]

____

(2) 彼らは3年前にアメリカを訪問しましたか。

[years / visit / America / three / did / ago / they / ?]

____

(3) あなたの妹は先週何をしましたか。

[do / did / week / what / sister / last / your / ?]

____

4 次の日本文を英語にしましょう。（10点×2＝20点）

(1) あなたは先週の日曜日に何をもらいましたか。

____

もらう：get

(2) 私は新しいノートをもらいました。((1)の疑問文に対する答え)

____

ノート：notebook

答え合わせが終わったら，音声を聞きましょう。

これで レベルアップ

過去形でよく使われる last（この前の）はいつのこと？

last は現在にいちばん近い過去のことを表すんだよ。だからいまが金曜日だとすると，last Tuesday は今週の火曜日を表すことが多いよ。

37 第8章 ～でした(いました)

I was free. be動詞の過去形

まず ココ! 「～でした(いました)」

➡「～でした(いました)」と過去のことをいうときは，be 動詞の過去形 was，were を使います。

つぎ ココ! 「～でした」の文の作り方

(私はひまでした。) I was free. ← am の過去形

(彼女はひまでした。) She was free. ← is の過去形

(彼らはひまでした。) They were free. ← are の過去形

am も is も過去の文では was になるよ。
are は were になるよ。

まとめよう 過去の文で使う be 動詞は ① [　　] と ② [　　] の２つだけになります。

さらに ココ! 「いました」の文の作り方

➡ be 動詞には「～です」という意味のほかに，「います」という意味があり，場所を表す語句とともに用いられます。

Jack is in Osaka now.
(ジャックはいま大阪にいます。)

必ず場所を表す語句といっしょだよ

Jack was in Osaka last week.
(ジャックは先週大阪にいました。)

解答⇒別冊 p.15
答え合わせが終わったら，音声を聞きましょう。

1 次の英文を(　　)内の語句を用いて書きかえましょう。

(1) I am in America. (last year)

____

(2) You are at my house. (then)

____

(3) She is happy. (at that time)

____

2 次の英文を日本語にしましょう。

(1) I was in the library then.

(　　　　　　　　　　　　　　　　)

(2) You were with Emi at that time.

(　　　　　　　　　　　　　　　　)

(3) My father was in Tokyo last week.

(　　　　　　　　　　　　　　　　)

3 次の日本文を英語にしましょう。

この木は昨年とても小さかった。

____

木：tree　　小さい：small

左ページの答 ① was　② were　(①と②は逆でも可)

38 ～でしたか，～ではありませんでした

Was the movie interesting? （be 動詞の過去形の疑問文・否定文）

まず ココ! 「～でしたか」，「～ではありませんでした」

➡「～でしたか」とたずねるときは，**主語の前に was や were** を出します。

つぎ ココ! 「～でしたか」の文の作り方

Was the movie interesting?

（映画はおもしろかったですか。）

↑ be 動詞を主語の前に出す

the movie は代名詞の it になるよ！

［答え方］ **Yes, it was.** （はい，おもしろかったです。）

No, it was not.

短縮形は wasn't

（いいえ，おもしろくありませんでした。）

「あなたは～でしたか」は ［　　　　］ you ～？の形になります。「はい」と答えるときは Yes,「いいえ」と答えるときは No を使います。

さらに ココ! 「～ではありませんでした」の文の作り方

➡「～ではありませんでした」と否定するときは，**was や were のあとに not** を置きます。

He was not happy yesterday. （彼は昨日幸せではありませんでした。）

短縮形は wasn't

↑ be 動詞の後ろに not を置く

They were not happy yesterday. （彼らは昨日幸せではありませんでした。）

短縮形は weren't

基本問題

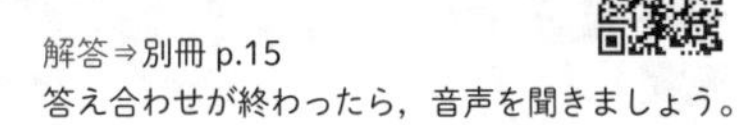
解答⇒別冊 p.15
答え合わせが終わったら，音声を聞きましょう。

1 次の英文を疑問文に書きかえましょう。

(1) It was hot yesterday.

____

(2) You were in the classroom then.

____

(3) She was with you an hour ago.

____

2 次の英文を否定文に書きかえましょう。

(1) This book was good.

____

(2) I was in my room then.

____

(3) You were happy at that time.

____

3 次の日本文を英語にしましょう。

あなたは元気でしたか。—はい，元気でした。

____

元気な：fine

左ページの答 Were

39 ～していました

Kota was practicing tennis then. 過去進行形

まず ココ! 「～していました」

➡「～していました」と過去のあるときに何かの動作をしていたことを表すときは，〈be 動詞の過去形(was, were)＋動詞の ing 形〉の形になります。

つぎ ココ! 「～していました」の文の作り方

過去形

Kota practiced tennis yesterday.
昨日
(コウタは昨日テニスを練習しました。)

過去進行形　be 動詞＋ing 形

Kota was practicing tennis then.
そのとき
(コウタはそのときテニスを練習していました。)

過去のあるときに進行中の動作を表しているよ。

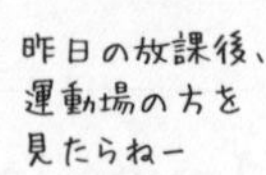

過去進行形は，過去のある時点で動作や行為が ＿＿＿＿ であったことを表します。過去進行形は〈be 動詞の過去形(was, were)＋動詞の ing 形〉の形で表されます。

さらに ココ! ing 形の作り方に注意！

➡ ing 形の作り方には3通りの方法があります。

語尾にそのまま ing をつける	例 play → playing study → studying
語尾が e で終わる動詞は最後の e をとって ing	例 make → making write → writing
語尾の最後の文字を重ねて ing	例 run → running stop → stopping

→数は少ないので，変化形そのものを覚えよう！

基本問題

解答⇒別冊 p.15
答え合わせが終わったら，音声を聞きましょう。

1 次の動詞の ing 形を書きましょう。

(1) make -(　　　　　)　(2) study -(　　　　　)

(3) stop -(　　　　　)　(4) swim -(　　　　　)

2 次の英文を(　　)内の語句を用いて，過去進行形の文に書きかえましょう。

(1) I go to the park. (at seven yesterday)

____

(2) He plays soccer. (then)

____

(3) She writes a letter. (an hour ago)

____

3 次の英文を日本語にしましょう。

過去進行形は「～していました」という意味を表すよ。

(1) We were watching the birds then.

(　　　　　　　　　　　　　　)

(2) My mother was practicing tennis at noon yesterday.

(　　　　　　　　　　　　　　)

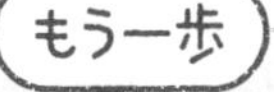

過去進行形とともによく使われる語句

過去進行形は，過去のあるとき，何かの動作をしていたことを表す表現なんだね。そのため，then（そのとき，そのころ，当時）や at that time（そのとき）などの語句がよく使われるよ。

I was swimming in the pool at that time [then].

（私はそのときプールで泳いでいました。）

左ページの答　進行中

40 ～していましたか，～していませんでした

Were you watching the soccer game then? （過去進行形の疑問文・否定文）

まず ココ! 「～していましたか」

➡「～していましたか」と進行形でたずねるときは，**be 動詞を主語の前**に出します。

つぎ ココ! 「～していましたか」の文の作り方

I was watching the soccer game then.

見ていました　そのとき

主語の前に be 動詞を出す

Were you watching the soccer game then?

（あなたはそのときサッカーの試合を見ていましたか。）

［答え方］ **Yes, I was.** （はい，見ていました。）

No, I was not[wasn't].

（いいえ，見ていませんでした。）

答え方はふつうの be 動詞を使った過去の疑問文に答えるときと同じだね。

まとめよう　過去進行形の疑問文は，① ＿＿＿ 動詞を文頭にもってきます。答えるときも ② ＿＿＿ や were を使って答えます。

さらに ココ! 「～していませんでした」の文の作り方

➡ 過去進行形の否定文は，**be 動詞のあとに not** を置いて表します。

I was　　　　watching the soccer game then.

ふつうの be 動詞を使った過去の否定文と同じように，was，were の後ろに not を置くよ。

I was not[wasn't] watching the soccer game then.

（私はそのときサッカーの試合を見ていませんでした。）

基本問題

解答⇒別冊 p.15
答え合わせが終わったら，音声を聞きましょう。

1 次の英文を疑問文に書きかえましょう。

(1) You were running.

(2) She was studying English then.

(3) Ellen was cooking in the kitchen at that time.

2 次の英文を否定文に書きかえましょう。

否定文は be 動詞の後ろに not を置いて作るよ。

(1) I was watching TV.

(2) He was reading his book then.

(3) She was having dinner at that time.

3 次の日本文を英語にしましょう。

あなたはそのとき何をしていましたか。

もう一歩

「～は何を(どこで)していましたか」

「何を，どこで」というように，Yes，No ではなく具体的な答えを相手に求めるときは，What，Where などの疑問詞を文頭に置いて，そのあとは過去進行形の疑問文の形を続けるよ。

What were you doing?　(あなたは何をしていましたか。)
Where was he eating it?　(彼はどこでそれを食べていましたか。)

左ページの答 ①be　②was

確認テスト ⑪

解答⇒別冊p.16

目標得点：70点

/ 100

1 次の英文を過去進行形の文に書きかえましょう。（8点×4＝32点）

(1) Tom plays tennis with Ellen.

(2) Do you take pictures of birds?

(3) She doesn't have dinner at home.

(4) What did you do yesterday?

2 次の英文を日本語にしましょう。（8点×3＝24点）

(1) We were at school then.

（　　　　　　　　　　　　　　　　　　　　）

(2) I wasn't studying at that time.

（　　　　　　　　　　　　　　　　　　　　）

(3) Were you writing a letter in your room?

（　　　　　　　　　　　　　　　　　　　　）

- run や stop などの ing 形に気をつけてね。
- 進行形の否定文は，be 動詞の後ろに not を置くよ。
- 進行形の疑問文は，be 動詞を主語の前に出すよ。

3 次の英文を，(　　)内の指示にしたがって書きかえましょう。(8点×3＝24点)

(1) Were you talking with Emi?（yes で答える）

____

(2) He was in Hokkaido.（否定文に）

____

(3) Where were you running?（「公園で」と6語で答える）

____

4 次の日本文に合うように，[　　]内の単語を並べかえましょう。(10点×2＝20点)

(1) これらの本はおもしろかったですか。

[books / interesting / were / these / ?]

____

(2) あなたはそのとき音楽を聞いていましたか。

[to / you / music / were / then / listening / ?]

____

答え合わせが終わったら，音声を聞きましょう。

これで レベルアップ

have は進行形になるの？

「持っている」という意味のときの have は進行形にはできないけれど,「食べる」という意味のときの have は進行形にできるんだよ。

解答⇒別冊p.16

1 体調をたずねる

大切な表現

You look sick. …… 「～に見える」というときに用いる表現
(体調が悪いように見えます。)

What's wrong?
[What's the matter?] …… 相手に体調をたずねるときに用いる表現
(どうかしたのですか。)

I feel terrible. …… 自分の体調の程度を伝えるときに用いる表現
(ひどいです。)

I have a headache
[cold / fever]. …… 自分の症状を伝えるときに用いる表現
(頭痛がします
[かぜをひいています／熱があります]。)

Take care of yourself. …… 相手を気遣うときに用いる表現
(お大事にしてください。)

Take this medicine. …… 相手に指示するときに用いる表現
(この薬を飲んでください。)

◎ **次のような場面ではどのようにいいますか。表現を完成させましょう。**

(1) 疲れて見えます，と相手に声をかけるとき。

____

(2) 相手にどうかしたのかたずねるとき。

____

(3) 体調がひどいことを伝えるとき。

____

(4) 熱があることを伝えるとき。

____

(5) 「お大事にしてください。」と相手を気遣って声をかけるとき。

____

(6) 「この薬を飲んでください。」と指示するとき。

____

答え合わせが終わったら，音声を聞きましょう。

解答⇒別冊p.16

② 道案内

大切な表現

Excuse me. (失礼ですが。)	見知らぬ人に声をかけるときに用いる表現
I'm looking for Midori Station. (私は緑駅を探しています。)	自分が探している場所を相手に伝える表現
Pardon me? (もう一度おっしゃってください。)	相手がいったことがよく聞きとれなかったときに用いる表現
Let's see. (ええと。)	考えていることを表すときに用いる表現
Go down[along] this street. (この通りを行ってください。)	進んでいく方向を教えるときに用いる表現
Turn left at the second traffic light. (2つ目の信号で左に曲がってください。)	曲がる場所を教えるときに用いる表現

⊙ 次のような場面ではどのようにいいますか。表現を完成させましょう。

(1) 見知らぬ人に声をかけるとき。

____

(2) 緑公園(Midori Park)を探していると相手に告げるとき。

____

(3) 相手のいったことがよく聞きとれなかったとき。

____

(4) 考えていることを表すとき。

____

(5) 「この通りを行ってください。」と相手に伝えるとき。

____

(6) 「3つ目の信号で右に曲がってください。」と相手に伝えるとき。

____

答え合わせが終わったら，音声を聞きましょう。

解答⇒別冊p.17

③ 電話での応答

大切な表現

Hello. …… 電話をかけたときや受けたときに用いる表現
(もしもし。)

This is Emi. …… 電話で自分の名まえを伝える表現
(こちらはエミです。)

Can I speak to Ken? …… 電話で話したい相手の名まえを告げるときに用いる表現
(ケンさんをお願いできますか。)

Speaking. …… 自分が告げられた名まえの人物であることを伝える表現
(私がケンです。)

What's up? …… 電話の用件についてたずねるときに用いる表現
(どうしたのですか。)

Can you help me with my homework? …… 相手に何かを依頼するときに用いる表現
(私の宿題を手伝ってもらえませんか。)

◎ 次のような場面ではどのようにいいますか。表現を完成させましょう。

(1) 電話をかけて相手が出たとき。

____

(2) 電話で自分の名まえがトム(Tom)であると告げるとき。

____

(3) 電話でエレン(Ellen)をよび出すとき。

____

(4) 自分がよび出された人物であると答えるとき。

____

(5) 電話の用件をたずねるとき。

____

(6) 「私の宿題を手伝ってもらえませんか。」と頼むとき。

____

答え合わせが終わったら，音声を聞きましょう。

疑問詞のまとめ

what 「何」	もの・こと	**What** is that? — It is **a plane.** **What** do you want for your birthday? — I want **a bag.**
what time 「何時」	時刻	**What time** do you get up? — I get up **at 6:30.**
where 「どこ」	場所	**Where** are you from? — I'm from **Osaka.** **Where** do you want to go? — I want to go **to Italy.**
when 「いつ」	時	**When** is your birthday? — It is **December 19th.** **When** do you study English? — I study it **after dinner.**
who 「だれ」	人	**Who** is that girl? — She is **my sister.** **Who** can play tennis well? — **John** can.
whose 「だれの(もの)」	持ち主	**Whose** umbrella is this?[**Whose** is this umbrella?] — It's **mine.**
which 「どちら(の)」	選択	**Which** bag is yours?[**Which** is your bag?] — **The black one** is. **Which** do you like, dogs or cats? — I like **dogs.**
why 「なぜ」	理由・目的	**Why** do you like this song? — **Because** it is beautiful.
how 「どんな，どうやって」	様子・方法	**How** is the weather? — It is **sunny.** **How** do you go to school? — I **walk** to school.
how many 「いくつ」	数	**How many** comic books do you have? — I have **a hundred** comic books.
how old 「何歳」	年齢	**How old** is your grandmother? — She is **70 years old.**
how long 「どのくらいの間」	期間	**How long** were you there? — I was there **for 30 minutes.**

実力テスト

解答⇒別冊p.17

目標得点：70点

/100

1 次の日本文に合うように，(　　)内から正しいものを選びましょう。（4点×6＝24点）

(1) 彼は学校へ行きます。

He (go / going / goes) to school.

(2) あなたのお姉さんは犬が好きですか。

(Do / Does / Are) your sister like dogs?

(3) 私たちは日本語を勉強しています。

We are (study / studies / studying) Japanese.

(4) 彼女は昨日英語を勉強しました。

She (studies / study / studied) English yesterday.

(5) なんておもしろいのだろう！

(What / Why / How) interesting!

(6) 私はそのとき音楽を聞いていました。

I (am / were / was) listening to music then.

2 次の英文を日本語にしましょう。（6点×4＝24点）

(1) How many birds can you see?

birds：鳥

(　　　　　　　　　　　　　　　　　　　　)

(2) What time is it now?

(　　　　　　　　　　　　　　　　　　　　)

(3) She is good at singing songs.

(　　　　　　　　　　　　　　　　　　　　)

(4) Don’t open this door.

(　　　　　　　　　　　　　　　　　　　　)

3 次の疑問文に合う答えの文をあとから選び，記号で答えましょう。
（4 点 × 4 ＝16点）

(1) Why did you come?　(2) When did you go?

(3) Where did you visit?　(4) How old are you?

(1)（　　　）　(2)（　　　）　(3)（　　　）　(4)（　　　）

ア America.　イ Last week.

ウ I'm ten years old.　エ Because I was free.

4 次の日本文に合うように，[　　]内の単語を並べかえましょう。
（6 点 × 3 ＝18 点）

(1) あなたはかばんの中に何を持っていますか。

[have / your / bag / what / you / in / do / ?]

____

(2) あなたは何の本を読んでいるところですか。

[book / reading / you / what / are / ?]

____

(3) あなたはお茶を飲みたいですか。

[drink / to / tea / you / want / do / ?]

____

5 次の日本文を英語にしましょう。（9 点 × 2 ＝18 点）

(1) 彼らは今日忙しく見えます。

____

忙しい：busy

(2) 昨日は晴れていませんでした。

____

答え合わせが終わったら，音声を聞きましょう。

装丁デザイン　ブックデザイン研究所
本文デザイン　A.S.T DESIGN
イラスト　ホンマヨウヘイ

本書に関する最新情報は，小社ホームページにある**本書の「サポート情報」**をご覧ください。(開設していない場合もございます。) なお，この本の内容についての責任は小社にあり，内容に関するご質問は直接小社におよせください。

中1 基礎からわかりやすく 英語ノート

編著者　中学教育研究会
発行者　岡本泰治
印刷所　ユニックス

発行所　受験研究社

〒550-0013 大阪市西区新町2丁目19番15号
注文・不良品などについて：(06)6532-1581(代表)／本の内容について：(06)6532-1586(編集)

Printed in Japan　高廣製本
落丁・乱丁本はお取り替えします。

ひっぱると，はずして使えます。

中1

基礎からわかりやすく

英語ノート

解答

受験研究社

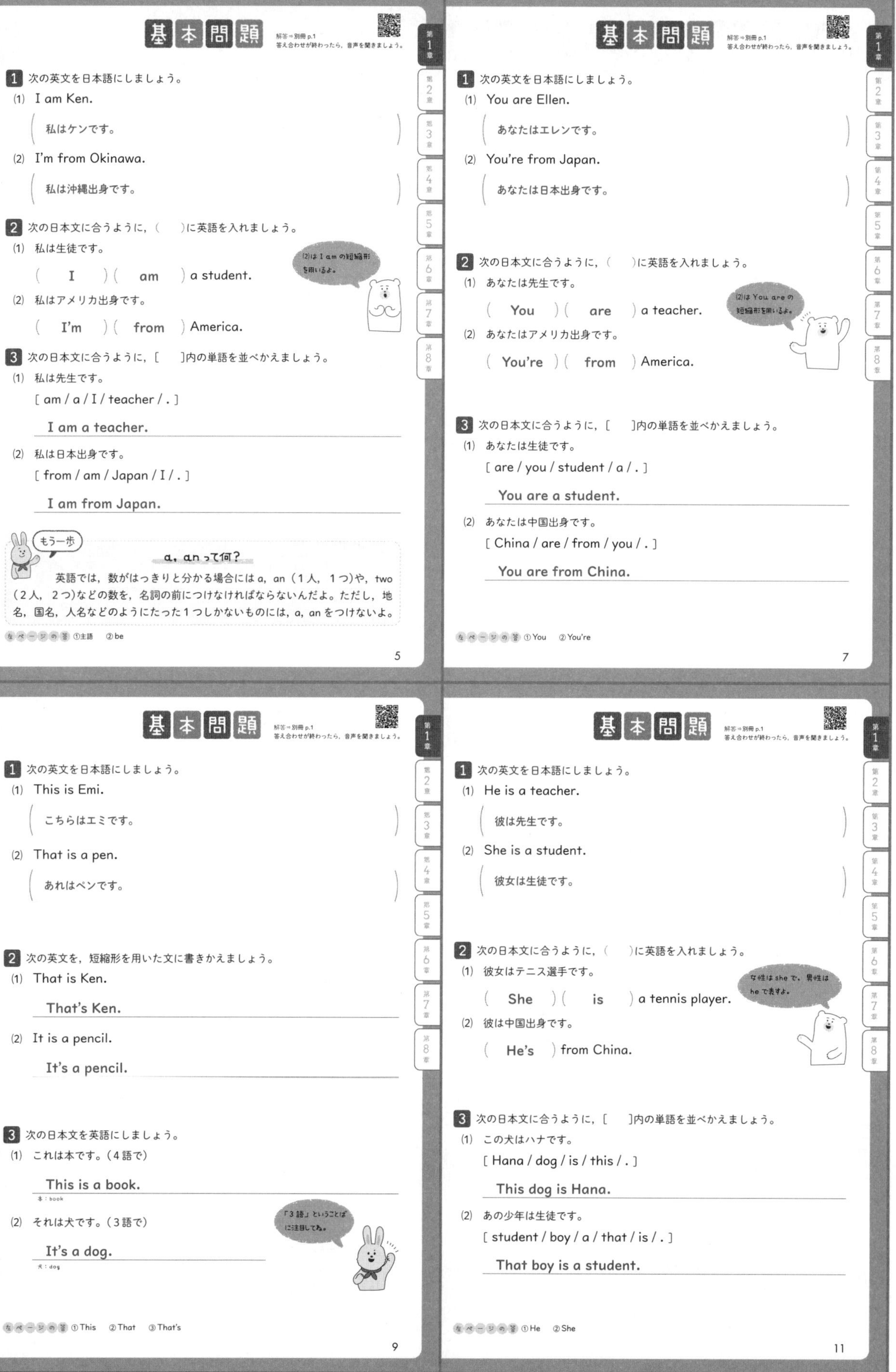

基本問題

解答⇒別冊 p.1
答え合わせが終わったら，音声を聞きましょう。

1 次の英文を日本語にしましょう。

(1) I am Ken.

（ 私はケンです。 ）

(2) I'm from Okinawa.

（ 私は沖縄出身です。 ）

2 次の日本文に合うように，（　）に英語を入れましょう。

(1) 私は生徒です。

（ I ）（ am ） a student.

(2) 私はアメリカ出身です。

（ I'm ）（ from ） America.

3 次の日本文に合うように，[　]内の単語を並べかえましょう。

(1) 私は先生です。

[am / a / I / teacher / .]

I am a teacher.

(2) 私は日本出身です。

[from / am / Japan / I / .]

I am from Japan.

a，an って何？

英語では，数がはっきりと分かる場合には a，an（1人，1つ）や，two（2人，2つ）などの数を，名詞の前につけなければならないんだよ。ただし，地名，国名，人名などのようにたった1つしかないものには，a，an をつけないよ。

左ページの答 ①主語 ②be

基本問題

解答⇒別冊 p.1
答え合わせが終わったら，音声を聞きましょう。

1 次の英文を日本語にしましょう。

(1) You are Ellen.

（ あなたはエレンです。 ）

(2) You're from Japan.

（ あなたは日本出身です。 ）

2 次の日本文に合うように，（　）に英語を入れましょう。

(1) あなたは先生です。

（ You ）（ are ） a teacher.

(2) あなたはアメリカ出身です。

（ You're ）（ from ） America.

3 次の日本文に合うように，[　]内の単語を並べかえましょう。

(1) あなたは生徒です。

[are / you / student / a / .]

You are a student.

(2) あなたは中国出身です。

[China / are / from / you / .]

You are from China.

左ページの答 ①You ②You're

基本問題

解答⇒別冊 p.1
答え合わせが終わったら，音声を聞きましょう。

1 次の英文を日本語にしましょう。

(1) This is Emi.

（ こちらはエミです。 ）

(2) That is a pen.

（ あれはペンです。 ）

2 次の英文を，短縮形を用いた文に書きかえましょう。

(1) That is Ken.

That's Ken.

(2) It is a pencil.

It's a pencil.

3 次の日本文を英語にしましょう。

(1) これは本です。（4語で）

This is a book.

本：book

(2) それは犬です。（3語で）

It's a dog.

犬：dog

左ページの答 ①This ②That ③That's

基本問題

解答⇒別冊 p.1
答え合わせが終わったら，音声を聞きましょう。

1 次の英文を日本語にしましょう。

(1) He is a teacher.

（ 彼は先生です。 ）

(2) She is a student.

（ 彼女は生徒です。 ）

2 次の日本文に合うように，（　）に英語を入れましょう。

(1) 彼女はテニス選手です。

（ She ）（ is ） a tennis player.

(2) 彼は中国出身です。

（ He's ） from China.

3 次の日本文に合うように，[　]内の単語を並べかえましょう。

(1) この犬はハナです。

[Hana / dog / is / this / .]

This dog is Hana.

(2) あの少年は生徒です。

[student / boy / a / that / is / .]

That boy is a student.

左ページの答 ①He ②She

確認テスト ①

解答⇒別冊p.2　目標得点：70点　/100

1 次の日本文に合うように，（　）内から正しいものを選びましょう。（7点×4＝28点）

(1) 私はトムです。
I (is / (am) / are) Tom.

(2) あなたはエレンです。
You ((are) / am / is) Ellen.

(3) あちらはコウタです。
That (am / are / (is)) Kota.

(4) それは車です。
It (am / (is) / are) a car.

2 次の英文の下線部を短縮形に変えて，全文を書きましょう。（6点×3＝18点）

(1) <u>You are</u> Ken.
You're Ken.

(2) <u>I am</u> a student.
I'm a student.

(3) <u>That is</u> a ball.
That's a ball.

得点UPアドバイス
◎ be動詞は主語によって形が変わるよ。
◎ from は「～出身」という意味があるよ。

3 次の日本文に合うように，（　）に英語を入れましょう。（5点×2＝10点）

(1) 彼はインド出身です。
(He) (is) from India.

(2) 彼女はアメリカ出身です。
(She's) from America.

4 次の日本文を英語にしましょう。（11点×4＝44点）

(1) 私はカナダ出身です。（3語で）
I'm from Canada.
カナダ：Canada

(2) こちらはリコです。（3語で）
This is Riko.

(3) あの少年はボブ(Bob)です。（4語で）
That boy is Bob.

(4) それは本です。（3語で）
It's a book.

答え合わせが終わったら，音声を聞きましょう。

これでレベルアップ

日本文を英語にするときに気をつけることは？

日本文は述語が最後にあるけれど，英文は「～は」「です」を先に述べるよ。日本語から主語を探してそれを文頭に置いて，次に主語に合わせたbe動詞を置こう。

基本問題

解答⇒別冊p.2　答え合わせが終わったら，音声を聞きましょう。

1 次の英文を日本語にしましょう。

(1) I am not Ken.
（ 私はケンではありません。 ）

(2) This is not a pen.
（ これはペンではありません。 ）

2 次の日本文に合うように，（　）に英語を入れましょう。

(1) あれは犬ではありません。
That is (not) a dog.

(2) あなたはユカではありません。
You (are) (not) Yuka.

(3) 私はオサムではありません。
I'm (not) Osamu.

I'm は I am の短縮形だよ。

3 次の英文の（　）に短縮形を入れましょう。
You are not a teacher.（あなたは先生ではありません。）
→ You (aren't) a teacher.
→ (You're) not a teacher.

もう一歩

「am not」の短縮形ってないの？

am not には短縮形はないので，「amn't」にはならないから注意してね。ふつうは「I'm not ～」になるよ。

左ページの答　①～ではありません　②後ろ　③not

基本問題

解答⇒別冊p.2　答え合わせが終わったら，音声を聞きましょう。

1 次の英文を日本語にしましょう。

(1) Are you a student?
（ あなたは生徒ですか。 ）

(2) Is this man a teacher?
（ この[こちらの]男の人は先生ですか。 ）

2 次の日本文に合うように，（　）に英語を入れましょう。

(1) あなたは先生ですか。― はい，そうです。
(Are) (you) a teacher?
— Yes, (I) (am).

(2) あの女の人は鈴木さんですか。― いいえ，ちがいます。
(Is) (that) (woman) Ms. Suzuki?
— No, (she) (is) (not).

疑問文では，be動詞が文の最初にくるよ。

3 次の日本文に合うように，［　］内の単語を並べかえましょう。
この女の人は先生ですか。[teacher / this / a / woman / is / ?]

Is this woman a teacher?

もう一歩

「Is ～?」の答え方は３つ

	主語（～は，～が）	答え方
女性	Is Ms. Smith a pianist?	Yes, she is. / No, she is not[isn't].
男性	Is Ryo a golf player?	Yes, he is. / No, he is not[isn't].
もの	Is that a school?	Yes, it is. / No, it is not[isn't].

左ページの答　①始め[最初]　②～ですか　③クエスチョンマーク

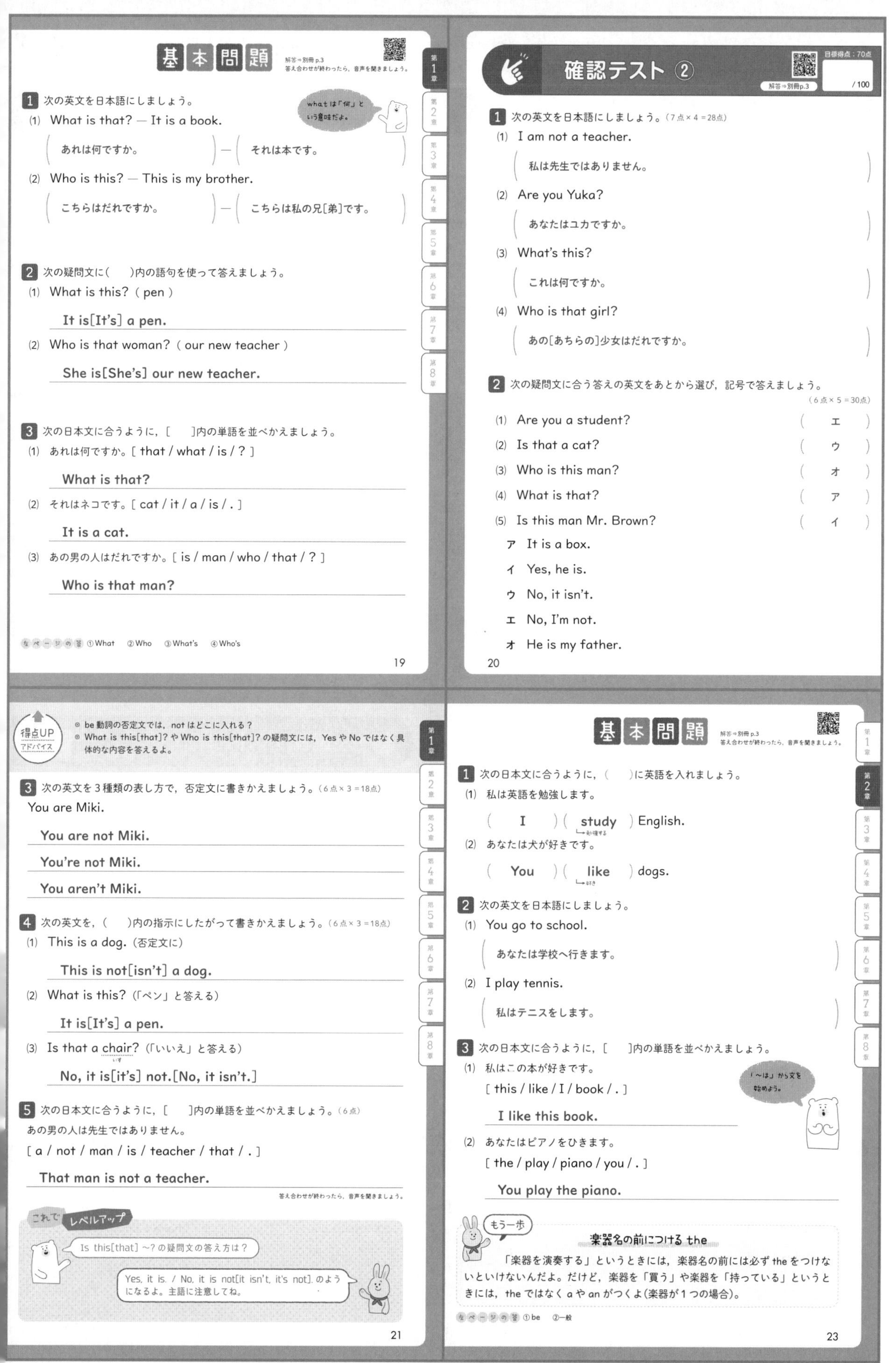

基本問題

解答⇒別冊 p.3
答え合わせが終わったら，音声を聞きましょう。

1 次の英文を日本語にしましょう。

(1) What is that? — It is a book.

(あれは何ですか。) — (それは本です。)

(2) Who is this? — This is my brother.

(こちらはだれですか。) — (こちらは私の兄[弟]です。)

whatは「何」という意味だよ。

2 次の疑問文に(　)内の語句を使って答えましょう。

(1) What is this? (pen)

It is[It's] a pen.

(2) Who is that woman? (our new teacher)

She is[She's] our new teacher.

3 次の日本文に合うように，[　]内の単語を並べかえましょう。

(1) あれは何ですか。[that / what / is / ?]

What is that?

(2) それはネコです。[cat / it / a / is / .]

It is a cat.

(3) あの男の人はだれですか。[is / man / who / that / ?]

Who is that man?

左ページの答 ①What ②Who ③What's ④Who's

確認テスト ②

目標得点：70点　/100
解答⇒別冊 p.3

1 次の英文を日本語にしましょう。(7点×4＝28点)

(1) I am not a teacher.

(私は先生ではありません。)

(2) Are you Yuka?

(あなたはユカですか。)

(3) What's this?

(これは何ですか。)

(4) Who is that girl?

(あの[あちらの]少女はだれですか。)

2 次の疑問文に合う答えの英文をあとから選び，記号で答えましょう。(6点×5＝30点)

(1) Are you a student? (エ)

(2) Is that a cat? (ウ)

(3) Who is this man? (オ)

(4) What is that? (ア)

(5) Is this man Mr. Brown? (イ)

ア It is a box.

イ Yes, he is.

ウ No, it isn't.

エ No, I'm not.

オ He is my father.

得点UP アドバイス

◎ be動詞の否定文では，notはどこに入れる？
◎ What is this[that]? や Who is this[that]? の疑問文には，Yes や No ではなく具体的な内容を答えるよ。

3 次の英文を3種類の表し方で，否定文に書きかえましょう。(6点×3＝18点)

You are Miki.

You are not Miki.

You're not Miki.

You aren't Miki.

4 次の英文を，(　)内の指示にしたがって書きかえましょう。(6点×3＝18点)

(1) This is a dog. (否定文に)

This is not[isn't] a dog.

(2) What is this? (「ペン」と答える)

It is[It's] a pen.

(3) Is that a chair? (「いいえ」と答える)

No, it is[it's] not.[No, it isn't.]

5 次の日本文に合うように，[　]内の単語を並べかえましょう。(6点)

あの男の人は先生ではありません。

[a / not / man / is / teacher / that / .]

That man is not a teacher.

答え合わせが終わったら，音声を聞きましょう。

これでレベルアップ

Is this[that] ～? の疑問文の答え方は？

Yes, it is. / No, it is not[it isn't, it's not]. のようになるよ。主語に注意してね。

基本問題

解答⇒別冊 p.3
答え合わせが終わったら，音声を聞きましょう。

1 次の日本文に合うように，(　)に英語を入れましょう。

(1) 私は英語を勉強します。

(I) (study) English.

(2) あなたは犬が好きです。

(You) (like) dogs.

2 次の英文を日本語にしましょう。

(1) You go to school.

(あなたは学校へ行きます。)

(2) I play tennis.

(私はテニスをします。)

3 次の日本文に合うように，[　]内の単語を並べかえましょう。

(1) 私はこの本が好きです。

[this / like / I / book / .]

I like this book.

「～は」から文を始めよう。

(2) あなたはピアノをひきます。

[the / play / piano / you / .]

You play the piano.

もう一歩

楽器名の前につける the

「楽器を演奏する」というときには，楽器名の前には必ず the をつけないといけないんだよ。だけど，楽器を「買う」や楽器を「持っている」というときには，the ではなく a や an がつくよ(楽器が1つの場合)。

左ページの答 ①be ②一般

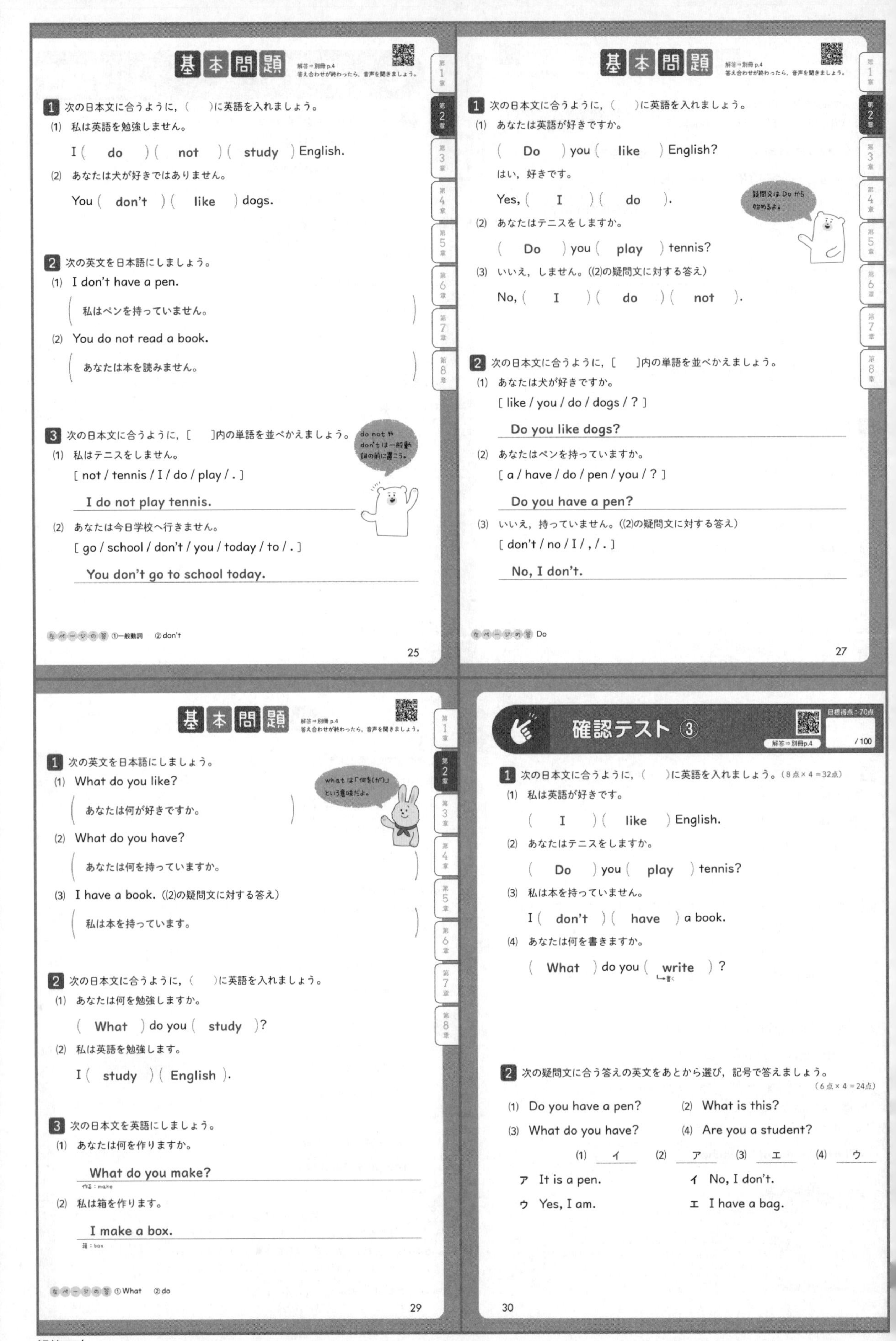

基本問題

解答⇒別冊 p.4
答え合わせが終わったら，音声を聞きましょう。

1 次の日本文に合うように，（　）に英語を入れましょう。

(1) 私は英語を勉強しません。

I（ do ）（ not ）（ study ）English.

(2) あなたは犬が好きではありません。

You（ don't ）（ like ）dogs.

2 次の英文を日本語にしましょう。

(1) I don't have a pen.

（ 私はペンを持っていません。 ）

(2) You do not read a book.

（ あなたは本を読みません。 ）

3 次の日本文に合うように，［　］内の単語を並べかえましょう。

(1) 私はテニスをしません。

［ not / tennis / I / do / play / . ］

I do not play tennis.

(2) あなたは今日学校へ行きません。

［ go / school / don't / you / today / to / . ］

You don't go to school today.

左ページの答 ①一般動詞　②don't

基本問題

解答⇒別冊 p.4
答え合わせが終わったら，音声を聞きましょう。

1 次の日本文に合うように，（　）に英語を入れましょう。

(1) あなたは英語が好きですか。

（ Do ）you（ like ）English?

はい，好きです。

Yes,（ I ）（ do ）.

(2) あなたはテニスをしますか。

（ Do ）you（ play ）tennis?

(3) いいえ，しません。（(2)の疑問文に対する答え）

No,（ I ）（ do ）（ not ）.

2 次の日本文に合うように，［　］内の単語を並べかえましょう。

(1) あなたは犬が好きですか。

［ like / you / do / dogs / ? ］

Do you like dogs?

(2) あなたはペンを持っていますか。

［ a / have / do / pen / you / ? ］

Do you have a pen?

(3) いいえ，持っていません。（(2)の疑問文に対する答え）

［ don't / no / I / , / . ］

No, I don't.

左ページの答 Do

基本問題

解答⇒別冊 p.4
答え合わせが終わったら，音声を聞きましょう。

1 次の英文を日本語にしましょう。

(1) What do you like?

（ あなたは何が好きですか。 ）

(2) What do you have?

（ あなたは何を持っていますか。 ）

(3) I have a book.（(2)の疑問文に対する答え）

（ 私は本を持っています。 ）

2 次の日本文に合うように，（　）に英語を入れましょう。

(1) あなたは何を勉強しますか。

（ What ）do you（ study ）?

(2) 私は英語を勉強します。

I（ study ）（ English ）.

3 次の日本文を英語にしましょう。

(1) あなたは何を作りますか。

What do you make?

作る：make

(2) 私は箱を作ります。

I make a box.

箱：box

左ページの答 ①What　②do

確認テスト ③

目標得点：70点　/100

解答⇒別冊 p.4

1 次の日本文に合うように，（　）に英語を入れましょう。（8点×4＝32点）

(1) 私は英語が好きです。

（ I ）（ like ）English.

(2) あなたはテニスをしますか。

（ Do ）you（ play ）tennis?

(3) 私は本を持っていません。

I（ don't ）（ have ）a book.

(4) あなたは何を書きますか。

（ What ）do you（ write ）?

└→書く

2 次の疑問文に合う答えの英文をあとから選び，記号で答えましょう。（6点×4＝24点）

(1) Do you have a pen?　(2) What is this?

(3) What do you have?　(4) Are you a student?

(1) イ　(2) ア　(3) エ　(4) ウ

ア It is a pen.　イ No, I don't.

ウ Yes, I am.　エ I have a bag.

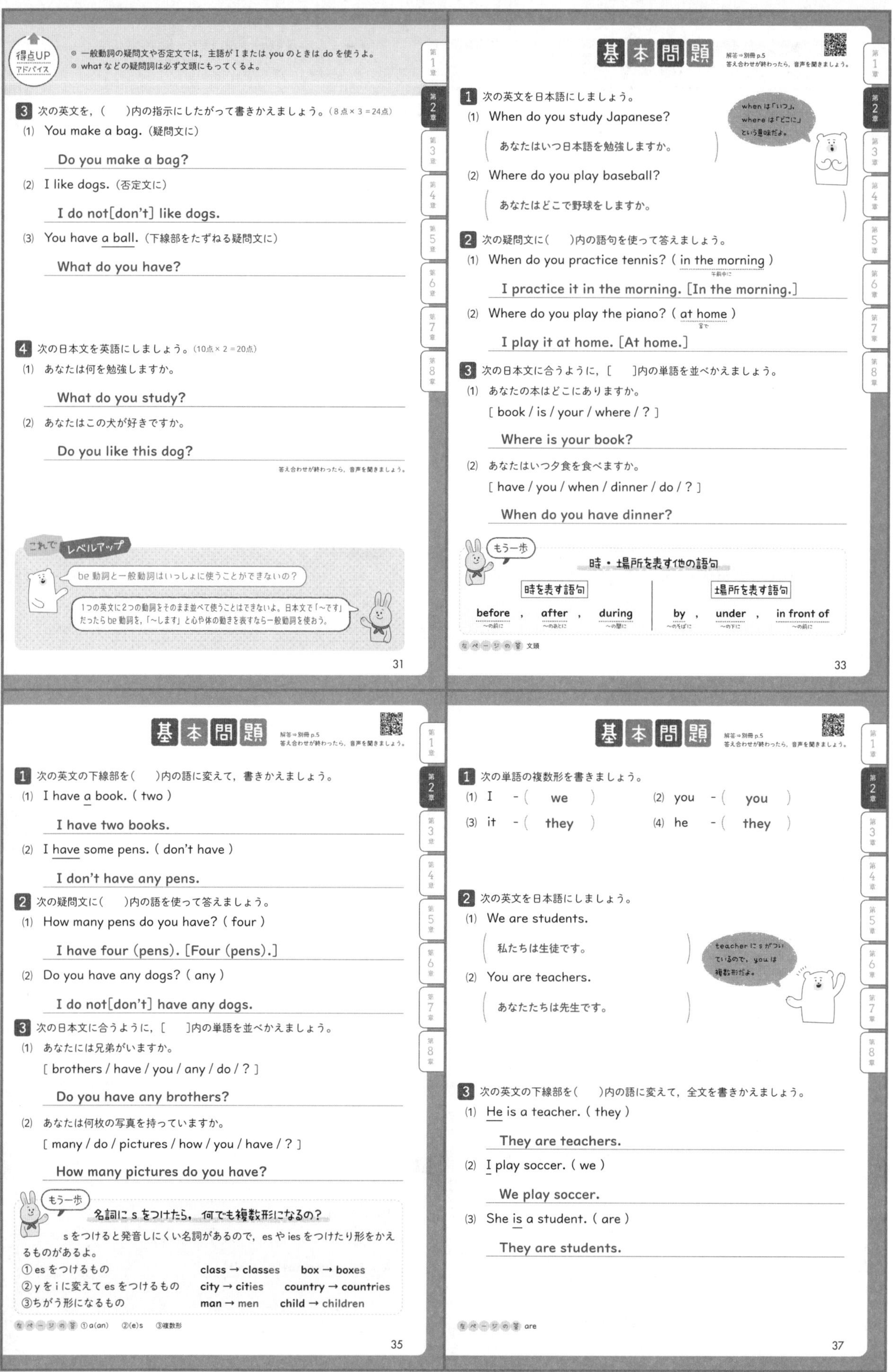

得点UPアドバイス
◎ 一般動詞の疑問文や否定文では，主語が I または you のときは do を使うよ。
◎ what などの疑問詞は必ず文頭にもってくるよ。

3 次の英文を，（ ）内の指示にしたがって書きかえましょう。（8点×3＝24点）

(1) You make a bag.（疑問文に）

Do you make a bag?

(2) I like dogs.（否定文に）

I do not[don't] like dogs.

(3) You have a ball.（下線部をたずねる疑問文に）

What do you have?

4 次の日本文を英語にしましょう。（10点×2＝20点）

(1) あなたは何を勉強しますか。

What do you study?

(2) あなたはこの犬が好きですか。

Do you like this dog?

答え合わせが終わったら，音声を聞きましょう。

これでレベルアップ

be 動詞と一般動詞はいっしょに使うことができないの？

1つの英文に2つの動詞をそのまま並べて使うことはできないよ。日本文で「〜です」だったら be 動詞を，「〜します」と心や体の動きを表すなら一般動詞を使おう。

31

基本問題

解答⇒別冊 p.5
答え合わせが終わったら，音声を聞きましょう。

1 次の英文を日本語にしましょう。

(1) When do you study Japanese?

（あなたはいつ日本語を勉強しますか。）

(2) Where do you play baseball?

（あなたはどこで野球をしますか。）

when は「いつ」，where は「どこに」という意味だよ。

2 次の疑問文に（ ）内の語句を使って答えましょう。

(1) When do you practice tennis? (in the morning)
午前中に

I practice it in the morning. [In the morning.]

(2) Where do you play the piano? (at home)
家で

I play it at home. [At home.]

3 次の日本文に合うように，[ ]内の単語を並べかえましょう。

(1) あなたの本はどこにありますか。
[book / is / your / where / ?]

Where is your book?

(2) あなたはいつ夕食を食べますか。
[have / you / when / dinner / do / ?]

When do you have dinner?

もう一歩

時・場所を表す他の語句

時を表す語句			場所を表す語句		
before 〜の前に	after 〜のあとに	during 〜の間に	by 〜のそばに	under 〜の下に	in front of 〜の前に

なぞーページの答 文頭

33

基本問題

解答⇒別冊 p.5
答え合わせが終わったら，音声を聞きましょう。

1 次の英文の下線部を（ ）内の語に変えて，書きかえましょう。

(1) I have a book. (two)

I have two books.

(2) I have some pens. (don't have)

I don't have any pens.

2 次の疑問文に（ ）内の語を使って答えましょう。

(1) How many pens do you have? (four)

I have four (pens). [Four (pens).]

(2) Do you have any dogs? (any)

I do not[don't] have any dogs.

3 次の日本文に合うように，[ ]内の単語を並べかえましょう。

(1) あなたには兄弟がいますか。
[brothers / have / you / any / do / ?]

Do you have any brothers?

(2) あなたは何枚の写真を持っていますか。
[many / do / pictures / how / you / have / ?]

How many pictures do you have?

もう一歩

名詞に s をつけたら，何でも複数形になるの？

s をつけると発音しにくい名詞があるので，es や ies をつけたり形をかえるものがあるよ。

① es をつけるもの	class → classes	box → boxes
② y を i に変えて es をつけるもの	city → cities	country → countries
③ちがう形になるもの	man → men	child → children

なぞーページの答 ① a(an) ② (e)s ③複数形

35

基本問題

解答⇒別冊 p.5
答え合わせが終わったら，音声を聞きましょう。

1 次の単語の複数形を書きましょう。

(1) I －（ we ）
(2) you －（ you ）
(3) it －（ they ）
(4) he －（ they ）

2 次の英文を日本語にしましょう。

(1) We are students.

（私たちは生徒です。）

(2) You are teachers.

（あなたたちは先生です。）

teacher に s がついているので，you は複数形だよ。

3 次の英文の下線部を（ ）内の語に変えて，全文を書きかえましょう。

(1) He is a teacher. (they)

They are teachers.

(2) I play soccer. (we)

We play soccer.

(3) She is a student. (are)

They are students.

なぞーページの答 are

37

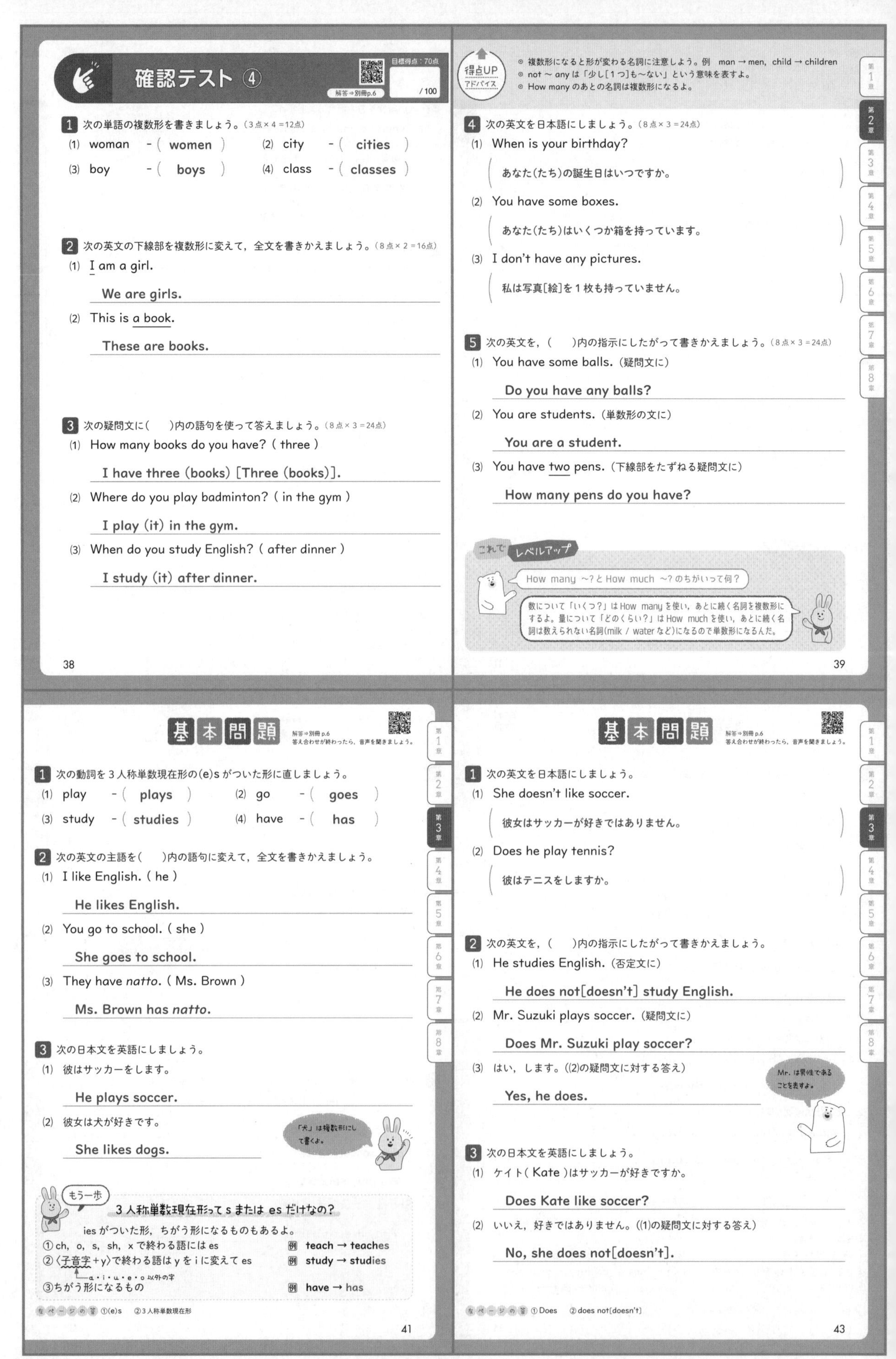

確認テスト ④

目標得点：70点　/100

解答⇒別冊p.6

1 次の単語の複数形を書きましょう。（3点×4＝12点）

(1) woman －（ women ）　(2) city －（ cities ）

(3) boy －（ boys ）　(4) class －（ classes ）

2 次の英文の下線部を複数形に変えて，全文を書きかえましょう。（8点×2＝16点）

(1) I am a girl.

We are girls.

(2) This is a book.

These are books.

3 次の疑問文に（　）内の語句を使って答えましょう。（8点×3＝24点）

(1) How many books do you have?（three）

I have three (books) [Three (books)].

(2) Where do you play badminton?（in the gym）

I play (it) in the gym.

(3) When do you study English?（after dinner）

I study (it) after dinner.

38

得点UP アドバイス

◎ 複数形になると形が変わる名詞に注意しよう。例 man → men, child → children

◎ not ～ any は「少し[1つ]も～ない」という意味を表すよ。

◎ How many のあとの名詞は複数形になるよ。

4 次の英文を日本語にしましょう。（8点×3＝24点）

(1) When is your birthday?

あなた(たち)の誕生日はいつですか。

(2) You have some boxes.

あなた(たち)はいくつか箱を持っています。

(3) I don't have any pictures.

私は写真[絵]を1枚も持っていません。

5 次の英文を，（　）内の指示にしたがって書きかえましょう。（8点×3＝24点）

(1) You have some balls.（疑問文に）

Do you have any balls?

(2) You are students.（単数形の文に）

You are a student.

(3) You have two pens.（下線部をたずねる疑問文に）

How many pens do you have?

これでレベルアップ

How many ～?とHow much ～?のちがいって何？

数について「いくつ?」はHow manyを使い，あとに続く名詞を複数形にするよ。量について「どのくらい?」はHow muchを使い，あとに続く名詞は数えられない名詞(milk / waterなど)になるので単数形になるんだ。

39

基本問題

解答⇒別冊p.6
答え合わせが終わったら，音声を聞きましょう。

1 次の動詞を3人称単数現在形の(e)sがついた形に直しましょう。

(1) play －（ plays ）　(2) go －（ goes ）

(3) study －（ studies ）　(4) have －（ has ）

2 次の英文の主語を（　）内の語句に変えて，全文を書きかえましょう。

(1) I like English.（he）

He likes English.

(2) You go to school.（she）

She goes to school.

(3) They have *natto*.（Ms. Brown）

Ms. Brown has *natto*.

3 次の日本文を英語にしましょう。

(1) 彼はサッカーをします。

He plays soccer.

(2) 彼女は犬が好きです。

She likes dogs.

「犬」は複数形にして書くよ。

もう一歩

3人称単数現在形ってsまたはesだけなの？

iesがついた形，ちがう形になるものもあるよ。

①ch, o, s, sh, xで終わる語にはes　例 teach → teaches

②〈子音字＋y〉で終わる語はyをiに変えてes　例 study → studies

（a・i・u・e・o以外の字）

③ちがう形になるもの　例 have → has

左ページの答 ①(e)s　②3人称単数現在形

41

基本問題

解答⇒別冊p.6
答え合わせが終わったら，音声を聞きましょう。

1 次の英文を日本語にしましょう。

(1) She doesn't like soccer.

彼女はサッカーが好きではありません。

(2) Does he play tennis?

彼はテニスをしますか。

2 次の英文を，（　）内の指示にしたがって書きかえましょう。

(1) He studies English.（否定文に）

He does not[doesn't] study English.

(2) Mr. Suzuki plays soccer.（疑問文に）

Does Mr. Suzuki play soccer?

(3) はい，します。((2)の疑問文に対する答え)

Yes, he does.

Mr.は男性であることを表すよ。

3 次の日本文を英語にしましょう。

(1) ケイト(Kate)はサッカーが好きですか。

Does Kate like soccer?

(2) いいえ，好きではありません。((1)の疑問文に対する答え)

No, she does not[doesn't].

左ページの答 ①Does　②does not[doesn't]

43

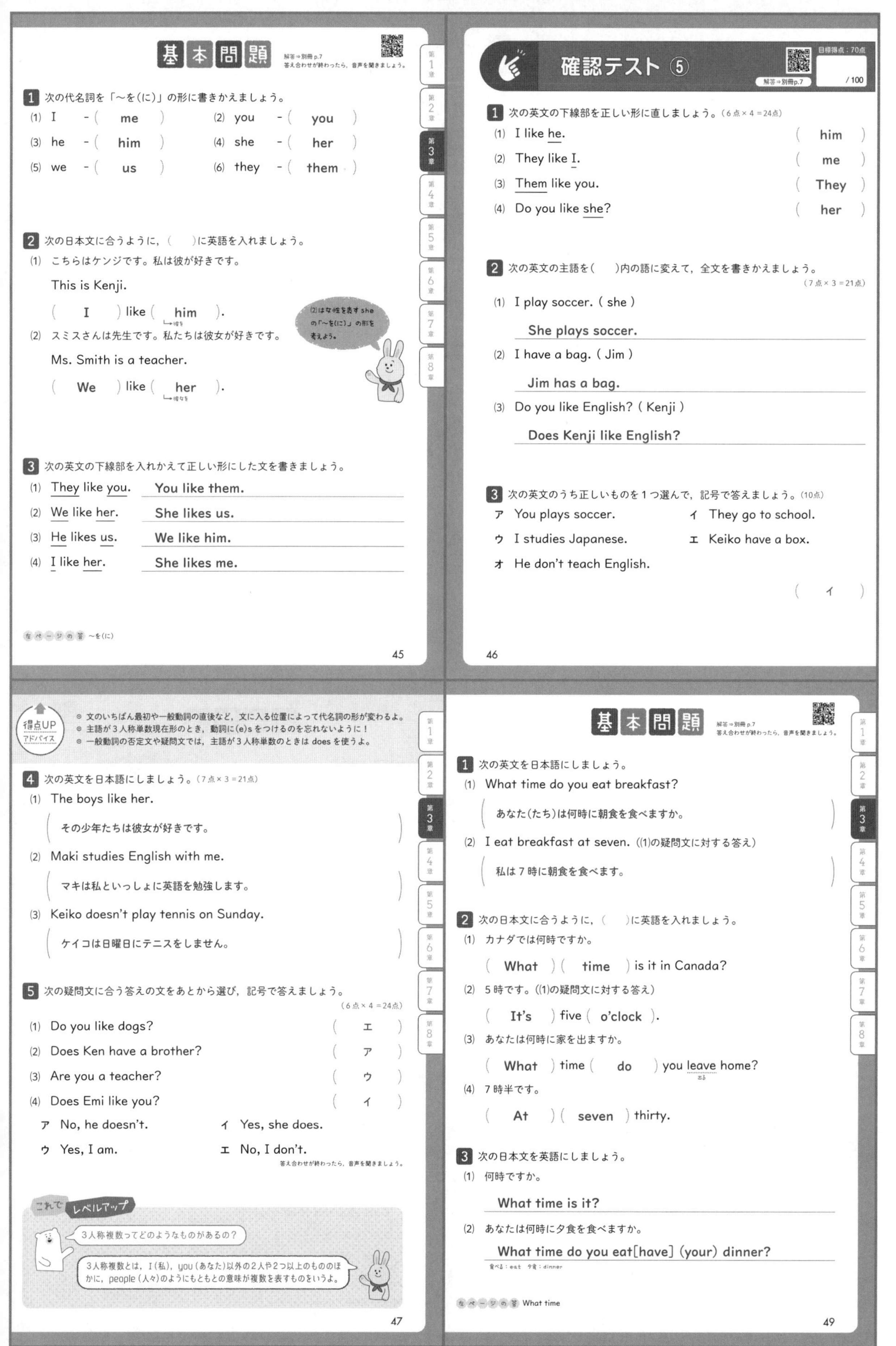

第1章 第2章 第3章 第4章 第5章 第6章 第7章 第8章

基本問題

解答⇒別冊 p.7
答え合わせが終わったら，音声を聞きましょう。

1 次の代名詞を「～を(に)」の形に書きかえましょう。

(1) I －（ me ）　(2) you －（ you ）
(3) he －（ him ）　(4) she －（ her ）
(5) we －（ us ）　(6) they －（ them ）

2 次の日本文に合うように，（　）に英語を入れましょう。

(1) こちらはケンジです。私は彼が好きです。
This is Kenji.
（ I ） like （ him ）.
└→彼を

(2) スミスさんは先生です。私たちは彼女が好きです。
Ms. Smith is a teacher.
（ We ） like （ her ）.
└→彼女を

(2)は女性を表す she の「～を(に)」の形を考えよう。

3 次の英文の下線部を入れかえて正しい形にした文を書きましょう。

(1) They like you.　You like them.
(2) We like her.　She likes us.
(3) He likes us.　We like him.
(4) I like her.　She likes me.

左ページの答 ～を(に)

45

確認テスト ⑤

目標得点：70点　/100
解答⇒別冊p.7

1 次の英文の下線部を正しい形に直しましょう。（6点×4＝24点）

(1) I like he.　（ him ）
(2) They like I.　（ me ）
(3) Them like you.　（ They ）
(4) Do you like she?　（ her ）

2 次の英文の主語を（　）内の語に変えて，全文を書きかえましょう。（7点×3＝21点）

(1) I play soccer. (she)
She plays soccer.
(2) I have a bag. (Jim)
Jim has a bag.
(3) Do you like English? (Kenji)
Does Kenji like English?

3 次の英文のうち正しいものを1つ選んで，記号で答えましょう。（10点）

ア You plays soccer.　イ They go to school.
ウ I studies Japanese.　エ Keiko have a box.
オ He don't teach English.

（ イ ）

46

得点UPアドバイス
◎ 文のいちばん最初や一般動詞の直後など，文に入る位置によって代名詞の形が変わるよ。
◎ 主語が3人称単数現在形のとき，動詞に(e)s をつけるのを忘れないように！
◎ 一般動詞の否定文や疑問文では，主語が3人称単数のときは does を使うよ。

4 次の英文を日本語にしましょう。（7点×3＝21点）

(1) The boys like her.
（ その少年たちは彼女が好きです。 ）
(2) Maki studies English with me.
（ マキは私といっしょに英語を勉強します。 ）
(3) Keiko doesn't play tennis on Sunday.
（ ケイコは日曜日にテニスをしません。 ）

5 次の疑問文に合う答えの文をあとから選び，記号で答えましょう。（6点×4＝24点）

(1) Do you like dogs?　（ エ ）
(2) Does Ken have a brother?　（ ア ）
(3) Are you a teacher?　（ ウ ）
(4) Does Emi like you?　（ イ ）

ア No, he doesn't.　イ Yes, she does.
ウ Yes, I am.　エ No, I don't.

答え合わせが終わったら，音声を聞きましょう。

これでレベルアップ
3人称複数ってどのようなものがあるの？
3人称複数とは，I (私)，you (あなた) 以外の2人や2つ以上のもののほかに，people (人々) のようにもともとの意味が複数を表すものをいうよ。

47

基本問題

解答⇒別冊 p.7
答え合わせが終わったら，音声を聞きましょう。

1 次の英文を日本語にしましょう。

(1) What time do you eat breakfast?
（ あなた(たち)は何時に朝食を食べますか。 ）
(2) I eat breakfast at seven. ((1)の疑問文に対する答え)
（ 私は7時に朝食を食べます。 ）

2 次の日本文に合うように，（　）に英語を入れましょう。

(1) カナダでは何時ですか。
（ What ）（ time ） is it in Canada?
(2) 5時です。((1)の疑問文に対する答え)
（ It's ） five （ o'clock ）.
(3) あなたは何時に家を出ますか。
（ What ） time （ do ） you leave home?
出る
(4) 7時半です。
（ At ）（ seven ） thirty.

3 次の日本文を英語にしましょう。

(1) 何時ですか。
What time is it?
(2) あなたは何時に夕食を食べますか。
What time do you eat[have] (your) dinner?
食べる：eat　夕食：dinner

左ページの答 What time

49

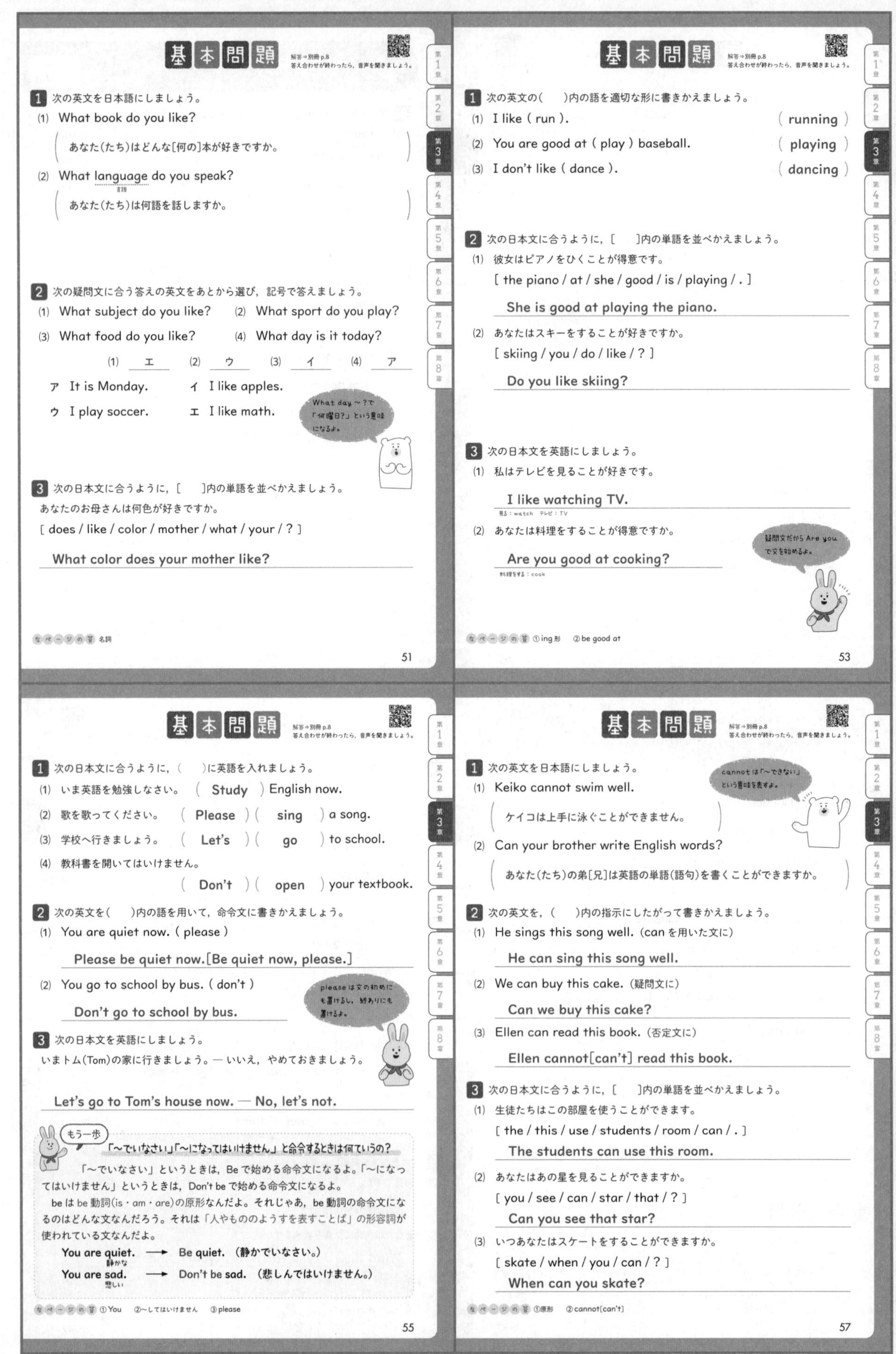

基本問題

解答⇒別冊 p.8
答え合わせが終わったら，音声を聞きましょう。

1 次の英文を日本語にしましょう。

(1) What book do you like?

（ あなた(たち)はどんな[何の]本が好きですか。 ）

(2) What language do you speak?
言語

（ あなた(たち)は何語を話しますか。 ）

2 次の疑問文に合う答えの英文をあとから選び，記号で答えましょう。

(1) What subject do you like? (2) What sport do you play?
(3) What food do you like? (4) What day is it today?

(1) エ (2) ウ (3) イ (4) ア

ア It is Monday. イ I like apples.
ウ I play soccer. エ I like math.

What day ～？で「何曜日？」という意味になるよ。

3 次の日本文に合うように，[ ]内の単語を並べかえましょう。

あなたのお母さんは何色が好きですか。
[does / like / color / mother / what / your / ?]

What color does your mother like?

左ページの答 名詞

基本問題

解答⇒別冊 p.8
答え合わせが終わったら，音声を聞きましょう。

1 次の英文の( )内の語を適切な形に書きかえましょう。

(1) I like (run). (running)
(2) You are good at (play) baseball. (playing)
(3) I don't like (dance). (dancing)

2 次の日本文に合うように，[ ]内の単語を並べかえましょう。

(1) 彼女はピアノをひくことが得意です。
[the piano / at / she / good / is / playing / .]
She is good at playing the piano.

(2) あなたはスキーをすることが好きですか。
[skiing / you / do / like / ?]
Do you like skiing?

3 次の日本文を英語にしましょう。

(1) 私はテレビを見ることが好きです。
I like watching TV.
見る：watch テレビ：TV

(2) あなたは料理をすることが得意ですか。
Are you good at cooking?
料理をする：cook

疑問文だから Are you で文を始めるよ。

左ページの答 ①ing 形 ②be good at

基本問題

解答⇒別冊 p.8
答え合わせが終わったら，音声を聞きましょう。

1 次の日本文に合うように，( )に英語を入れましょう。

(1) いま英語を勉強しなさい。 (Study) English now.
(2) 歌を歌ってください。 (Please)(sing) a song.
(3) 学校へ行きましょう。 (Let's)(go) to school.
(4) 教科書を開いてはいけません。
(Don't)(open) your textbook.

2 次の英文を( )内の語を用いて，命令文に書きかえましょう。

(1) You are quiet now. (please)
Please be quiet now.[Be quiet now, please.]

(2) You go to school by bus. (don't)
Don't go to school by bus.

please は文の初めにも置けるし，終わりにも置けるよ。

3 次の日本文を英語にしましょう。

いまトム(Tom)の家に行きましょう。— いいえ，やめておきましょう。

Let's go to Tom's house now. — No, let's not.

もう一歩

「～でいなさい」「～になってはいけません」と命令するときは何ていうの？

「～でいなさい」というときは，Be で始める命令文になるよ。「～になってはいけません」というときは，Don't be で始める命令文になるよ。
be は be 動詞(is・am・are)の原形なんだよ。それじゃあ，be 動詞の命令文になるのはどんな文なんだろう。それは「人やもののようすを表すことば」の形容詞が使われている文なんだよ。

You are quiet. → Be quiet. (静かでいなさい。)
静かな
You are sad. → Don't be sad. (悲しんではいけません。)
悲しい

左ページの答 ①You ②～してはいけません ③please

基本問題

解答⇒別冊 p.8
答え合わせが終わったら，音声を聞きましょう。

1 次の英文を日本語にしましょう。

cannot は「～できない」という意味を表すよ。

(1) Keiko cannot swim well.
（ ケイコは上手に泳ぐことができません。 ）

(2) Can your brother write English words?
（ あなた(たち)の弟[兄]は英語の単語(語句)を書くことができますか。 ）

2 次の英文を，( )内の指示にしたがって書きかえましょう。

(1) He sings this song well. (can を用いた文に)
He can sing this song well.

(2) We can buy this cake. (疑問文に)
Can we buy this cake?

(3) Ellen can read this book. (否定文に)
Ellen cannot[can't] read this book.

3 次の日本文に合うように，[ ]内の単語を並べかえましょう。

(1) 生徒たちはこの部屋を使うことができます。
[the / this / use / students / room / can / .]
The students can use this room.

(2) あなたはあの星を見ることができますか。
[you / see / can / star / that / ?]
Can you see that star?

(3) いつあなたはスケートをすることができますか。
[skate / when / you / can / ?]
When can you skate?

左ページの答 ①原形 ②cannot[can't]

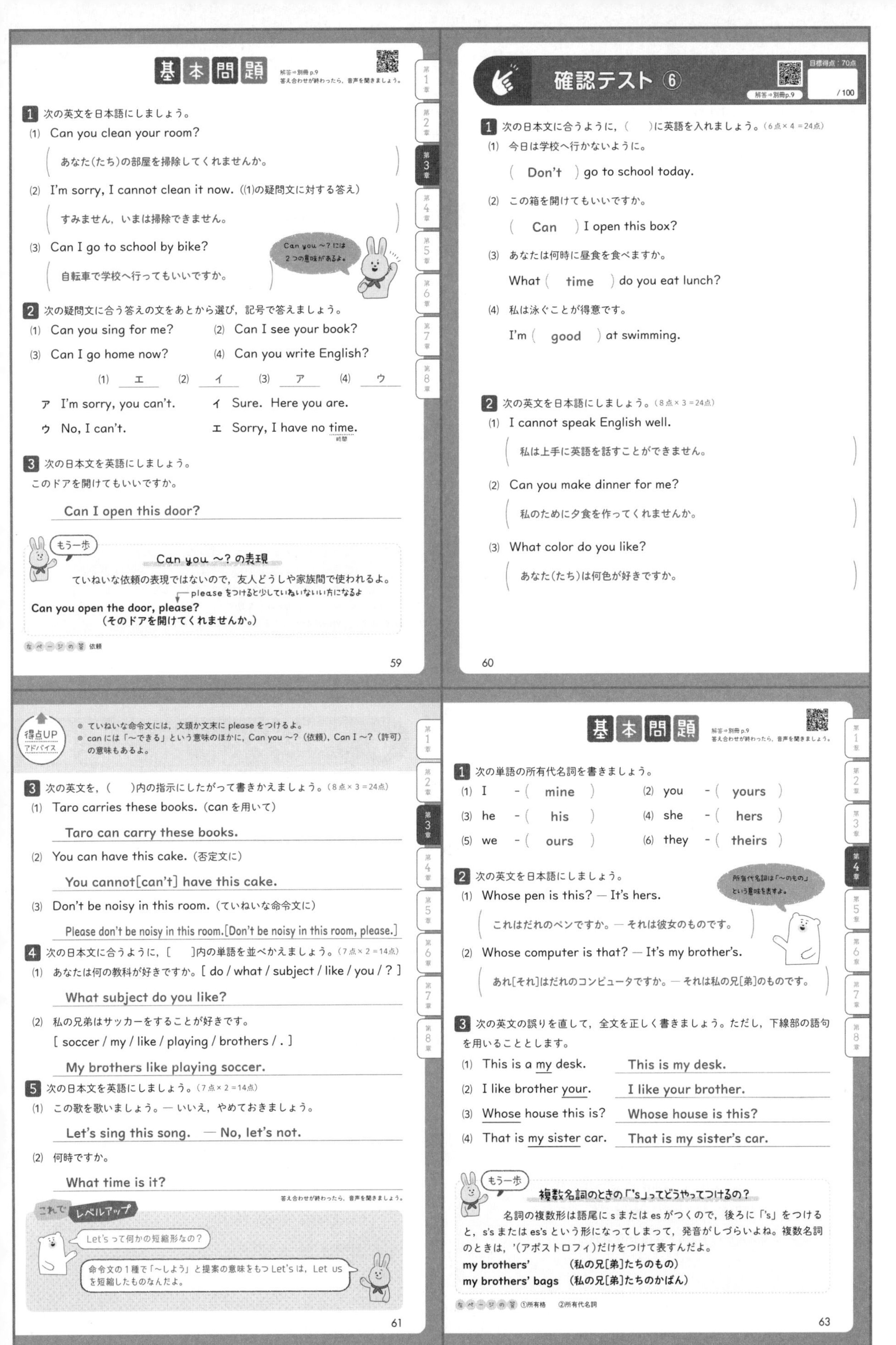

基本問題

解答⇒別冊 p.9
答え合わせが終わったら，音声を聞きましょう。

1 次の英文を日本語にしましょう。

(1) Can you clean your room?

（あなた(たち)の部屋を掃除してくれませんか。）

(2) I'm sorry, I cannot clean it now. ((1)の疑問文に対する答え)

（すみません，いまは掃除できません。）

(3) Can I go to school by bike?

（自転車で学校へ行ってもいいですか。）

Can you ～? には 2 つの意味があるよ。

2 次の疑問文に合う答えの文をあとから選び，記号で答えましょう。

(1) Can you sing for me? (2) Can I see your book?
(3) Can I go home now? (4) Can you write English?

(1) エ (2) イ (3) ア (4) ウ

ア I'm sorry, you can't. イ Sure. Here you are.
ウ No, I can't. エ Sorry, I have no time.（time：時間）

3 次の日本文を英語にしましょう。

このドアを開けてもいいですか。

Can I open this door?

もう一歩

Can you ～? の表現

ていねいな依頼の表現ではないので，友人どうしや家族間で使われるよ。

please をつけると少していねいな言い方になるよ

Can you open the door, please?
（そのドアを開けてくれませんか。）

左ページの答 依頼

59

確認テスト ⑥

目標得点：70点 /100
解答⇒別冊 p.9

1 次の日本文に合うように，(　)に英語を入れましょう。(6点×4＝24点)

(1) 今日は学校へ行かないように。
(Don't) go to school today.

(2) この箱を開けてもいいですか。
(Can) I open this box?

(3) あなたは何時に昼食を食べますか。
What (time) do you eat lunch?

(4) 私は泳ぐことが得意です。
I'm (good) at swimming.

2 次の英文を日本語にしましょう。(8点×3＝24点)

(1) I cannot speak English well.
（私は上手に英語を話すことができません。）

(2) Can you make dinner for me?
（私のために夕食を作ってくれませんか。）

(3) What color do you like?
（あなた(たち)は何色が好きですか。）

60

得点UP アドバイス
◎ ていねいな命令文には，文頭か文末に please をつけるよ。
◎ can には「～できる」という意味のほかに，Can you ～?（依頼），Can I ～?（許可）の意味もあるよ。

3 次の英文を，(　)内の指示にしたがって書きかえましょう。(8点×3＝24点)

(1) Taro carries these books.（can を用いて）
Taro can carry these books.

(2) You can have this cake.（否定文に）
You cannot[can't] have this cake.

(3) Don't be noisy in this room.（ていねいな命令文に）
Please don't be noisy in this room.[Don't be noisy in this room, please.]

4 次の日本文に合うように，[　]内の単語を並べかえましょう。(7点×2＝14点)

(1) あなたは何の教科が好きですか。[do / what / subject / like / you / ?]
What subject do you like?

(2) 私の兄弟はサッカーをすることが好きです。
[soccer / my / like / playing / brothers / .]
My brothers like playing soccer.

5 次の日本文を英語にしましょう。(7点×2＝14点)

(1) この歌を歌いましょう。— いいえ，やめておきましょう。
Let's sing this song. — No, let's not.

(2) 何時ですか。
What time is it?

答え合わせが終わったら，音声を聞きましょう。

これで レベルアップ

Let's って何かの短縮形なの？

命令文の 1 種で「～しよう」と提案の意味をもつ Let's は，Let us を短縮したものなんだよ。

61

基本問題

解答⇒別冊 p.9
答え合わせが終わったら，音声を聞きましょう。

1 次の単語の所有代名詞を書きましょう。

(1) I －(mine) (2) you －(yours)
(3) he －(his) (4) she －(hers)
(5) we －(ours) (6) they －(theirs)

2 次の英文を日本語にしましょう。

所有代名詞は「～のもの」という意味を表すよ。

(1) Whose pen is this? — It's hers.
（これはだれのペンですか。— それは彼女のものです。）

(2) Whose computer is that? — It's my brother's.
（あれ[それ]はだれのコンピュータですか。— それは私の兄[弟]のものです。）

3 次の英文の誤りを直して，全文を正しく書きましょう。ただし，下線部の語句を用いることとします。

(1) This is a my desk. This is my desk.
(2) I like brother your. I like your brother.
(3) Whose house this is? Whose house is this?
(4) That is my sister car. That is my sister's car.

もう一歩

複数名詞のときの「's」ってどうやってつけるの？

名詞の複数形は語尾に s または es がつくので，後ろに「's」をつけると，s's または es's という形になってしまって，発音がしづらいよね。複数名詞のときは，'(アポストロフィ)だけをつけて表すんだよ。

my brothers'　（私の兄[弟]たちのもの）
my brothers' bags　（私の兄[弟]たちのかばん）

左ページの答 ①所有格 ②所有代名詞

63

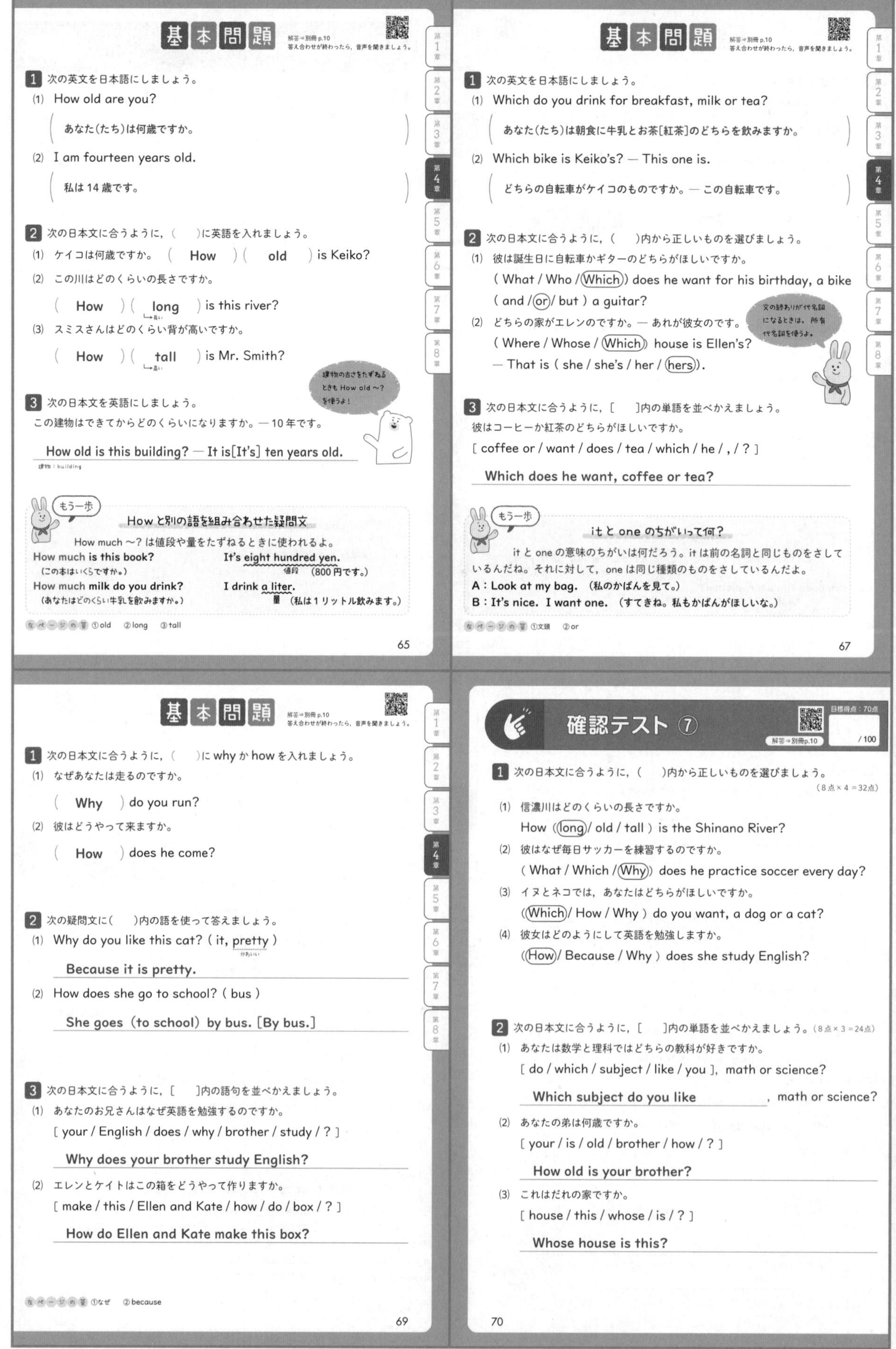

基本問題

解答⇒別冊 p.10
答え合わせが終わったら，音声を聞きましょう。

1 次の英文を日本語にしましょう。

(1) How old are you?

（ あなた(たち)は何歳ですか。 ）

(2) I am fourteen years old.

（ 私は 14 歳です。 ）

2 次の日本文に合うように，(　)に英語を入れましょう。

(1) ケイコは何歳ですか。 (How) (old) is Keiko?

(2) この川はどのくらいの長さですか。

(How) (long) is this river?　└→長い

(3) スミスさんはどのくらい背が高いですか。

(How) (tall) is Mr. Smith?　└→高い

3 次の日本文を英語にしましょう。

この建物はできてからどのくらいになりますか。— 10 年です。

How old is this building? — It is[It's] ten years old.

建物：building

もう一歩

How と別の語を組み合わせた疑問文

How much ～? は値段や量をたずねるときに使われるよ。

How much is this book?（この本はいくらですか。）　It's eight hundred yen. 値段（800 円です。）

How much milk do you drink?（あなたはどのくらい牛乳を飲みますか。）　I drink a liter. 量（私は 1 リットル飲みます。）

左ページの答 ①old ②long ③tall

65

基本問題

解答⇒別冊 p.10
答え合わせが終わったら，音声を聞きましょう。

1 次の英文を日本語にしましょう。

(1) Which do you drink for breakfast, milk or tea?

（ あなた(たち)は朝食に牛乳とお茶[紅茶]のどちらを飲みますか。 ）

(2) Which bike is Keiko's? — This one is.

（ どちらの自転車がケイコのものですか。— この自転車です。 ）

2 次の日本文に合うように，(　)内から正しいものを選びましょう。

(1) 彼は誕生日に自転車かギターのどちらがほしいですか。

(What / Who / (Which)) does he want for his birthday, a bike (and / (or) / but) a guitar?

(2) どちらの家がエレンのですか。— あれが彼女のです。

(Where / Whose / (Which)) house is Ellen's?

— That is (she / she's / her / (hers)).

3 次の日本文に合うように，[　]内の単語を並べかえましょう。

彼はコーヒーか紅茶のどちらがほしいですか。

[coffee or / want / does / tea / which / he / , / ?]

Which does he want, coffee or tea?

もう一歩

it と one のちがいって何？

it と one の意味のちがいは何だろう。it は前の名詞と同じものをさしているんだね。それに対して，one は同じ種類のものをさしているんだよ。

A : Look at my bag.（私のかばんを見て。）

B : It's nice. I want one.（すてきね。私もかばんがほしいな。）

左ページの答 ①文頭 ②or

67

基本問題

解答⇒別冊 p.10
答え合わせが終わったら，音声を聞きましょう。

1 次の日本文に合うように，(　)に why か how を入れましょう。

(1) なぜあなたは走るのですか。

(Why) do you run?

(2) 彼はどうやって来ますか。

(How) does he come?

2 次の疑問文に(　)内の語を使って答えましょう。

(1) Why do you like this cat? (it, pretty)　かわいい

Because it is pretty.

(2) How does she go to school? (bus)

She goes (to school) by bus. [By bus.]

3 次の日本文に合うように，[　]内の語句を並べかえましょう。

(1) あなたのお兄さんはなぜ英語を勉強するのですか。

[your / English / does / why / brother / study / ?]

Why does your brother study English?

(2) エレンとケイトはこの箱をどうやって作りますか。

[make / this / Ellen and Kate / how / do / box / ?]

How do Ellen and Kate make this box?

左ページの答 ①なぜ ②because

69

確認テスト ⑦

目標得点：70点　/100
解答⇒別冊p.10

1 次の日本文に合うように，(　)内から正しいものを選びましょう。（8点×4＝32点）

(1) 信濃川はどのくらいの長さですか。

How ((long) / old / tall) is the Shinano River?

(2) 彼はなぜ毎日サッカーを練習するのですか。

(What / Which / (Why)) does he practice soccer every day?

(3) イヌとネコでは，あなたはどちらがほしいですか。

((Which) / How / Why) do you want, a dog or a cat?

(4) 彼女はどのようにして英語を勉強しますか。

((How) / Because / Why) does she study English?

2 次の日本文に合うように，[　]内の単語を並べかえましょう。（8点×3＝24点）

(1) あなたは数学と理科ではどちらの教科が好きですか。

[do / which / subject / like / you], math or science?

Which subject do you like, math or science?

(2) あなたの弟は何歳ですか。

[your / is / old / brother / how / ?]

How old is your brother?

(3) これはだれの家ですか。

[house / this / whose / is / ?]

Whose house is this?

70

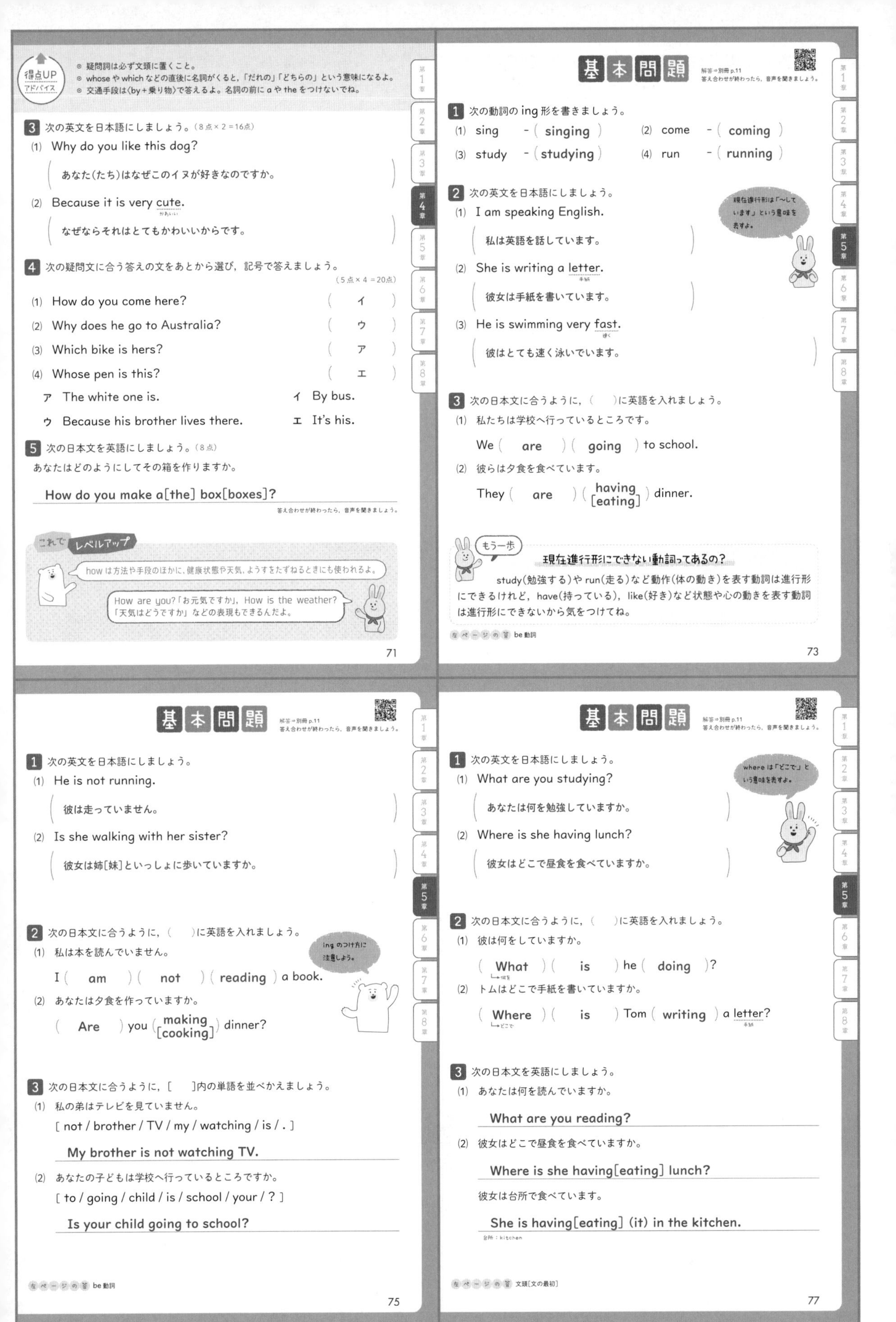

得点UPアドバイス
- 疑問詞は必ず文頭に置くこと。
- whose や which などの直後に名詞がくると，「だれの」「どちらの」という意味になるよ。
- 交通手段は〈by＋乗り物〉で答えるよ。名詞の前に a や the をつけないでね。

3 次の英文を日本語にしましょう。（8点×2＝16点）

(1) Why do you like this dog?

（あなた(たち)はなぜこのイヌが好きなのですか。）

(2) Because it is very cute.

（なぜならそれはとてもかわいいからです。）

4 次の疑問文に合う答えの文をあとから選び，記号で答えましょう。（5点×4＝20点）

(1) How do you come here?（イ）

(2) Why does he go to Australia?（ウ）

(3) Which bike is hers?（ア）

(4) Whose pen is this?（エ）

ア The white one is.　イ By bus.

ウ Because his brother lives there.　エ It's his.

5 次の日本文を英語にしましょう。（8点）

あなたはどのようにしてその箱を作りますか。

How do you make a[the] box[boxes]?

答え合わせが終わったら，音声を聞きましょう。

これでレベルアップ

how は方法や手段のほかに，健康状態や天気，ようすをたずねるときにも使われるよ。

How are you?「お元気ですか」，How is the weather?「天気はどうですか」などの表現もできるんだよ。

基本問題

解答⇒別冊 p.11
答え合わせが終わったら，音声を聞きましょう。

1 次の動詞の ing 形を書きましょう。

(1) sing －（singing）　(2) come －（coming）

(3) study －（studying）　(4) run －（running）

2 次の英文を日本語にしましょう。

現在進行形は「～しています」という意味を表すよ。

(1) I am speaking English.

（私は英語を話しています。）

(2) She is writing a letter.

（彼女は手紙を書いています。）

(3) He is swimming very fast.

（彼はとても速く泳いでいます。）

3 次の日本文に合うように，（　）に英語を入れましょう。

(1) 私たちは学校へ行っているところです。

We（are）（going）to school.

(2) 彼らは夕食を食べています。

They（are）（having [eating]）dinner.

もう一歩　現在進行形にできない動詞ってあるの？

study（勉強する）や run（走る）など動作（体の動き）を表す動詞は進行形にできるけれど，have（持っている），like（好き）など状態や心の動きを表す動詞は進行形にできないから気をつけてね。

左ページの答 be 動詞

基本問題

解答⇒別冊 p.11
答え合わせが終わったら，音声を聞きましょう。

1 次の英文を日本語にしましょう。

(1) He is not running.

（彼は走っていません。）

(2) Is she walking with her sister?

（彼女は姉[妹]といっしょに歩いていますか。）

2 次の日本文に合うように，（　）に英語を入れましょう。

ing のつけ方に注意しよう。

(1) 私は本を読んでいません。

I（am）（not）（reading）a book.

(2) あなたは夕食を作っていますか。

（Are）you（making [cooking]）dinner?

3 次の日本文に合うように，[　]内の単語を並べかえましょう。

(1) 私の弟はテレビを見ていません。

[not / brother / TV / my / watching / is / .]

My brother is not watching TV.

(2) あなたの子どもは学校へ行っているところですか。

[to / going / child / is / school / your / ?]

Is your child going to school?

左ページの答 be 動詞

基本問題

解答⇒別冊 p.11
答え合わせが終わったら，音声を聞きましょう。

1 次の英文を日本語にしましょう。

where は「どこで」という意味を表すよ。

(1) What are you studying?

（あなたは何を勉強していますか。）

(2) Where is she having lunch?

（彼女はどこで昼食を食べていますか。）

2 次の日本文に合うように，（　）に英語を入れましょう。

(1) 彼は何をしていますか。

（What）（is）he（doing）?

(2) トムはどこで手紙を書いていますか。

（Where）（is）Tom（writing）a letter?

3 次の日本文を英語にしましょう。

(1) あなたは何を読んでいますか。

What are you reading?

(2) 彼女はどこで昼食を食べていますか。

Where is she having[eating] lunch?

彼女は台所で食べています。

She is having[eating] (it) in the kitchen.

台所：kitchen

左ページの答 文頭[文の最初]

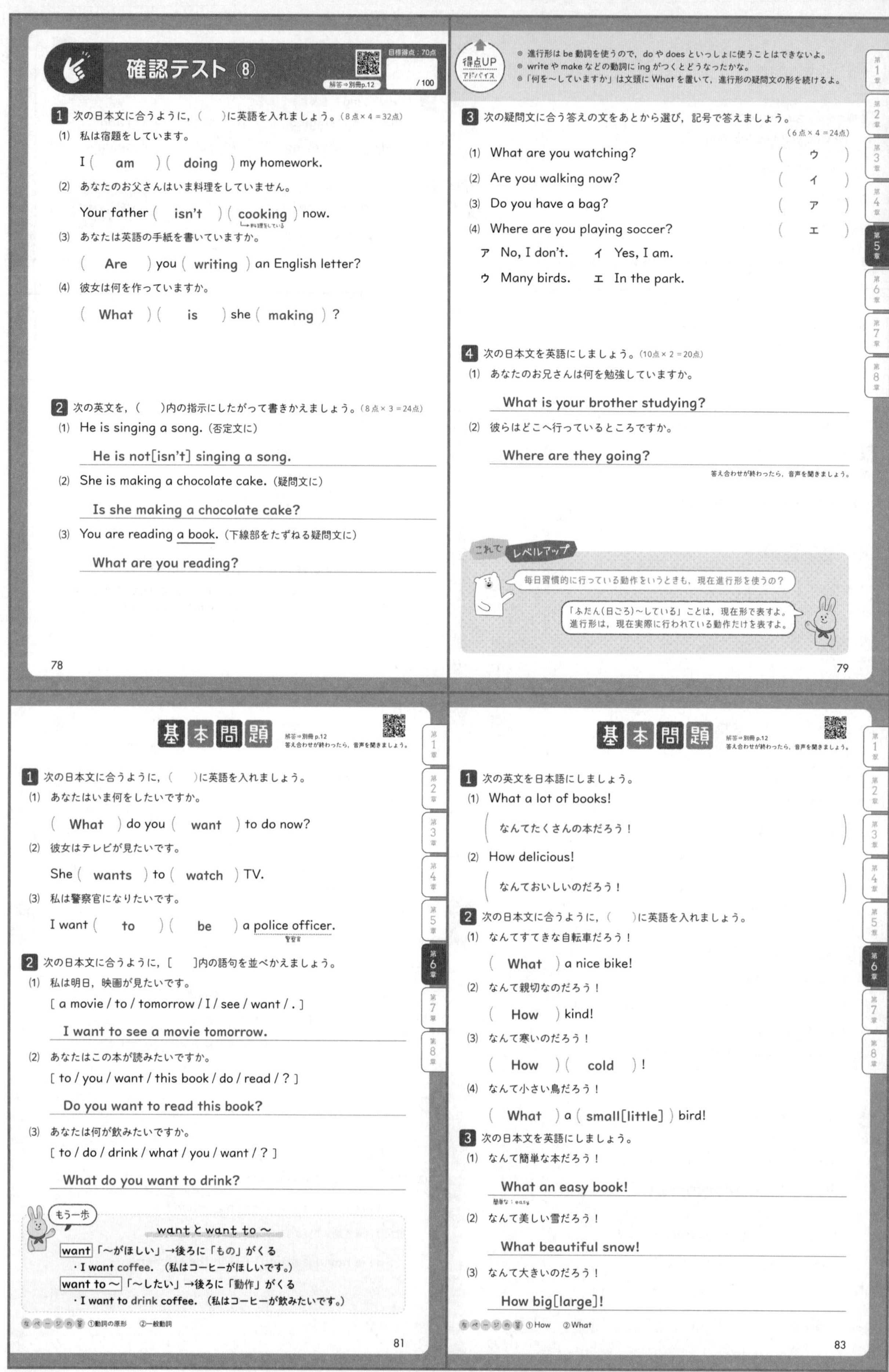

確認テスト ⑧

目標得点：70点
/100
解答⇒別冊p.12

1 次の日本文に合うように，（　）に英語を入れましょう。（8点×4＝32点）

(1) 私は宿題をしています。

I (am) (doing) my homework.

(2) あなたのお父さんはいま料理をしていません。

Your father (isn't) (cooking) now.
└→料理をしている

(3) あなたは英語の手紙を書いていますか。

(Are) you (writing) an English letter?

(4) 彼女は何を作っていますか。

(What) (is) she (making) ?

2 次の英文を，（　）内の指示にしたがって書きかえましょう。（8点×3＝24点）

(1) He is singing a song.（否定文に）

He is not[isn't] singing a song.

(2) She is making a chocolate cake.（疑問文に）

Is she making a chocolate cake?

(3) You are reading a book.（下線部をたずねる疑問文に）

What are you reading?

得点UP アドバイス
- 進行形はbe動詞を使うので，doやdoesといっしょに使うことはできないよ。
- writeやmakeなどの動詞にingがつくとどうなったかな。
- 「何を～していますか」は文頭にWhatを置いて，進行形の疑問文の形を続けるよ。

3 次の疑問文に合う答えの文をあとから選び，記号で答えましょう。（6点×4＝24点）

(1) What are you watching? (ウ)

(2) Are you walking now? (イ)

(3) Do you have a bag? (ア)

(4) Where are you playing soccer? (エ)

ア No, I don't.　イ Yes, I am.
ウ Many birds.　エ In the park.

4 次の日本文を英語にしましょう。（10点×2＝20点）

(1) あなたのお兄さんは何を勉強していますか。

What is your brother studying?

(2) 彼らはどこへ行っているところですか。

Where are they going?

答え合わせが終わったら，音声を聞きましょう。

これで レベルアップ

毎日習慣的に行っている動作をいうときも，現在進行形を使うの？

「ふだん(日ごろ)～している」ことは，現在形で表すよ。進行形は，現在実際に行われている動作だけを表すよ。

基本問題

解答⇒別冊p.12
答え合わせが終わったら，音声を聞きましょう。

1 次の日本文に合うように，（　）に英語を入れましょう。

(1) あなたはいま何をしたいですか。

(What) do you (want) to do now?

(2) 彼女はテレビが見たいです。

She (wants) to (watch) TV.

(3) 私は警察官になりたいです。

I want (to) (be) a police officer.
警察官

2 次の日本文に合うように，［　］内の語句を並べかえましょう。

(1) 私は明日，映画が見たいです。
[a movie / to / tomorrow / I / see / want / .]

I want to see a movie tomorrow.

(2) あなたはこの本が読みたいですか。
[to / you / want / this book / do / read / ?]

Do you want to read this book?

(3) あなたは何が飲みたいですか。
[to / do / drink / what / you / want / ?]

What do you want to drink?

もう一歩
wantとwant to ～

want 「～がほしい」→後ろに「もの」がくる
・I want coffee.（私はコーヒーがほしいです。）

want to ～ 「～したい」→後ろに「動作」がくる
・I want to drink coffee.（私はコーヒーが飲みたいです。）

なぺージの答 ①動詞の原形　②一般動詞

基本問題

解答⇒別冊p.12
答え合わせが終わったら，音声を聞きましょう。

1 次の英文を日本語にしましょう。

(1) What a lot of books!

(なんてたくさんの本だろう！)

(2) How delicious!

(なんておいしいのだろう！)

2 次の日本文に合うように，（　）に英語を入れましょう。

(1) なんてすてきな自転車だろう！

(What) a nice bike!

(2) なんて親切なのだろう！

(How) kind!

(3) なんて寒いのだろう！

(How) (cold) !

(4) なんて小さい鳥だろう！

(What) a (small[little]) bird!

3 次の日本文を英語にしましょう。

(1) なんて簡単な本だろう！

What an easy book!
簡単な：easy

(2) なんて美しい雪だろう！

What beautiful snow!

(3) なんて大きいのだろう！

How big[large]!

なぺージの答 ①How　②What

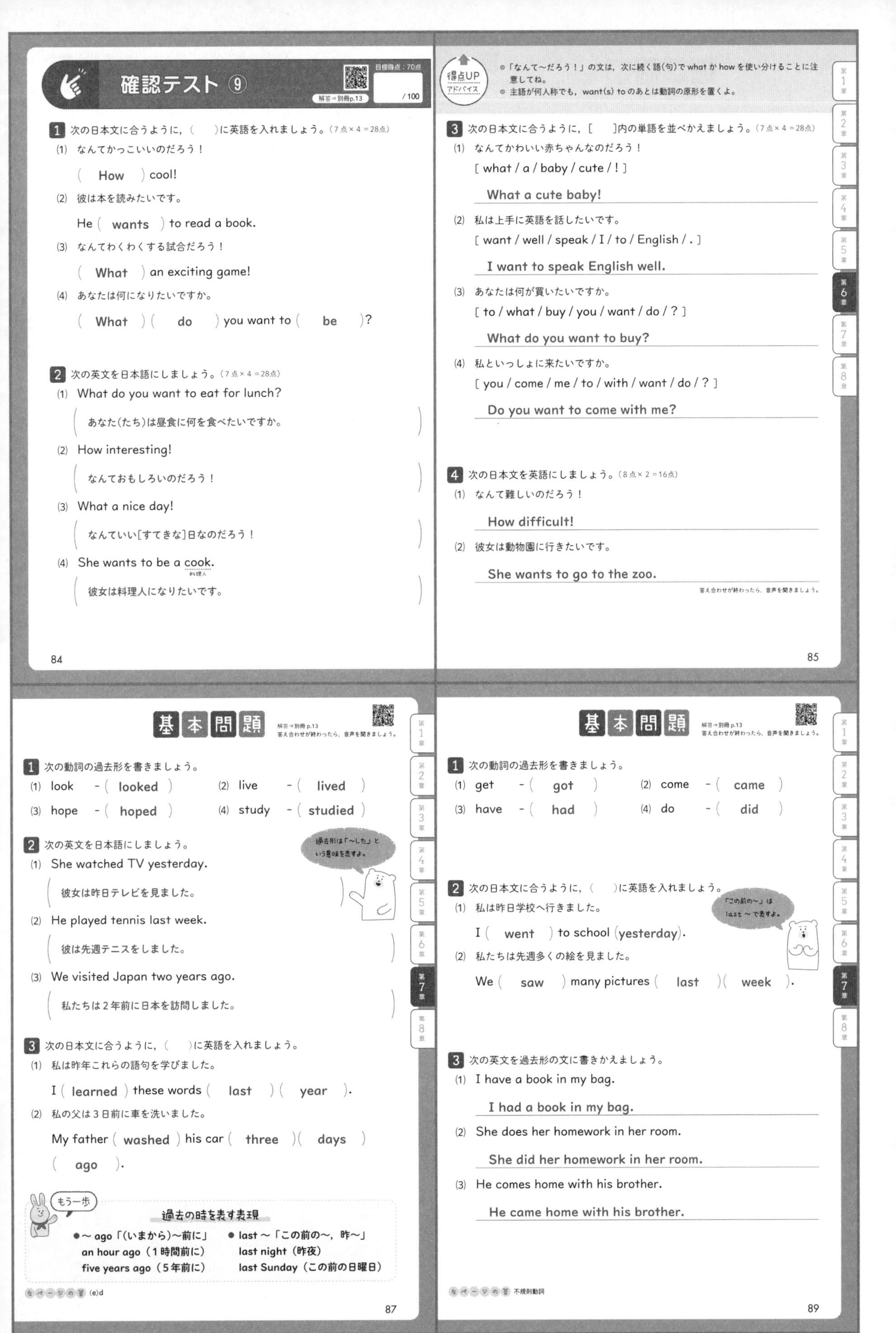

確認テスト ⑨

目標得点：70点　/100

解答⇒別冊p.13

1 次の日本文に合うように，（　　）に英語を入れましょう。（7点×4＝28点）

(1) なんてかっこいいのだろう！

（ How ）cool!

(2) 彼は本を読みたいです。

He（ wants ）to read a book.

(3) なんてわくわくする試合だろう！

（ What ）an exciting game!

(4) あなたは何になりたいですか。

（ What ）（ do ）you want to（ be ）?

2 次の英文を日本語にしましょう。（7点×4＝28点）

(1) What do you want to eat for lunch?

（ あなた(たち)は昼食に何を食べたいですか。 ）

(2) How interesting!

（ なんておもしろいのだろう！ ）

(3) What a nice day!

（ なんていい[すてきな]日なのだろう！ ）

(4) She wants to be a cook.
料理人

（ 彼女は料理人になりたいです。 ）

得点UP アドバイス

◎「なんて～だろう！」の文は，次に続く語(句)で what か how を使い分けることに注意してね。
◎ 主語が何人称でも，want(s) to のあとは動詞の原形を置くよ。

3 次の日本文に合うように，[　　]内の単語を並べかえましょう。（7点×4＝28点）

(1) なんてかわいい赤ちゃんなのだろう！
[what / a / baby / cute / !]

What a cute baby!

(2) 私は上手に英語を話したいです。
[want / well / speak / I / to / English / .]

I want to speak English well.

(3) あなたは何が買いたいですか。
[to / what / buy / you / want / do / ?]

What do you want to buy?

(4) 私といっしょに来たいですか。
[you / come / me / to / with / want / do / ?]

Do you want to come with me?

4 次の日本文を英語にしましょう。（8点×2＝16点）

(1) なんて難しいのだろう！

How difficult!

(2) 彼女は動物園に行きたいです。

She wants to go to the zoo.

答え合わせが終わったら，音声を聞きましょう。

基本問題

解答⇒別冊p.13
答え合わせが終わったら，音声を聞きましょう。

1 次の動詞の過去形を書きましょう。

(1) look －（ looked ）　(2) live －（ lived ）
(3) hope －（ hoped ）　(4) study －（ studied ）

2 次の英文を日本語にしましょう。

(1) She watched TV yesterday.

（ 彼女は昨日テレビを見ました。 ）

(2) He played tennis last week.

（ 彼は先週テニスをしました。 ）

(3) We visited Japan two years ago.

（ 私たちは2年前に日本を訪問しました。 ）

3 次の日本文に合うように，（　　）に英語を入れましょう。

(1) 私は昨年これらの語句を学びました。

I（ learned ）these words（ last ）（ year ）.

(2) 私の父は3日前に車を洗いました。

My father（ washed ）his car（ three ）（ days ）（ ago ）.

もう一歩

過去の時を表す表現

● ～ ago「(いまから)～前に」
an hour ago（1時間前に）
five years ago（5年前に）

● last ～「この前の～，昨～」
last night（昨夜）
last Sunday（この前の日曜日）

左ページの答 (e)d

基本問題

解答⇒別冊p.13
答え合わせが終わったら，音声を聞きましょう。

1 次の動詞の過去形を書きましょう。

(1) get －（ got ）　(2) come －（ came ）
(3) have －（ had ）　(4) do －（ did ）

2 次の日本文に合うように，（　　）に英語を入れましょう。

(1) 私は昨日学校へ行きました。

I（ went ）to school（ yesterday ）.

(2) 私たちは先週多くの絵を見ました。

We（ saw ）many pictures（ last ）（ week ）.

3 次の英文を過去形の文に書きかえましょう。

(1) I have a book in my bag.

I had a book in my bag.

(2) She does her homework in her room.

She did her homework in her room.

(3) He comes home with his brother.

He came home with his brother.

左ページの答 不規則動詞

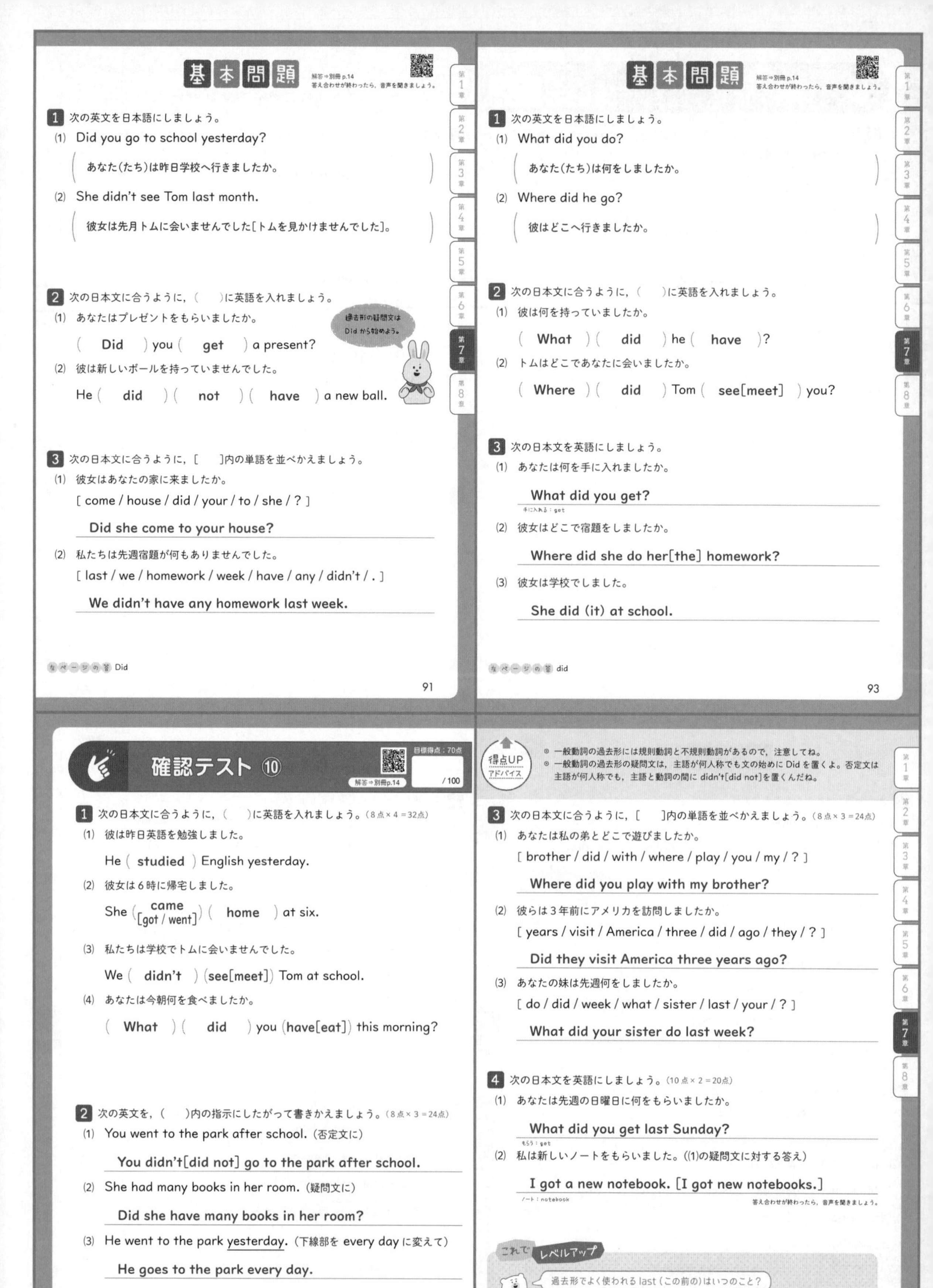

基本問題

解答⇒別冊 p.14
答え合わせが終わったら，音声を聞きましょう。

1 次の英文を日本語にしましょう。

(1) Did you go to school yesterday?

（ あなた(たち)は昨日学校へ行きましたか。 ）

(2) She didn't see Tom last month.

（ 彼女は先月トムに会いませんでした[トムを見かけませんでした]。 ）

2 次の日本文に合うように，（　）に英語を入れましょう。

(1) あなたはプレゼントをもらいましたか。

（ Did ） you （ get ） a present?

(2) 彼は新しいボールを持っていませんでした。

He （ did ）（ not ）（ have ） a new ball.

3 次の日本文に合うように，[　]内の単語を並べかえましょう。

(1) 彼女はあなたの家に来ましたか。

[come / house / did / your / to / she / ?]

Did she come to your house?

(2) 私たちは先週宿題が何もありませんでした。

[last / we / homework / week / have / any / didn't / .]

We didn't have any homework last week.

左ページの答 Did

91

基本問題

解答⇒別冊 p.14
答え合わせが終わったら，音声を聞きましょう。

1 次の英文を日本語にしましょう。

(1) What did you do?

（ あなた(たち)は何をしましたか。 ）

(2) Where did he go?

（ 彼はどこへ行きましたか。 ）

2 次の日本文に合うように，（　）に英語を入れましょう。

(1) 彼は何を持っていましたか。

（ What ）（ did ） he （ have ）?

(2) トムはどこであなたに会いましたか。

（ Where ）（ did ） Tom （ see[meet] ） you?

3 次の日本文を英語にしましょう。

(1) あなたは何を手に入れましたか。

What did you get?

手に入れる：get

(2) 彼女はどこで宿題をしましたか。

Where did she do her[the] homework?

(3) 彼女は学校でしました。

She did (it) at school.

左ページの答 did

93

確認テスト ⑩

目標得点：70点
解答⇒別冊p.14
/100

1 次の日本文に合うように，（　）に英語を入れましょう。（8点×4＝32点）

(1) 彼は昨日英語を勉強しました。

He （ studied ） English yesterday.

(2) 彼女は6時に帰宅しました。

She （ came [got / went] ）（ home ） at six.

(3) 私たちは学校でトムに会いませんでした。

We （ didn't ）（ see[meet] ） Tom at school.

(4) あなたは今朝何を食べましたか。

（ What ）（ did ） you （ have[eat] ） this morning?

2 次の英文を，（　）内の指示にしたがって書きかえましょう。（8点×3＝24点）

(1) You went to the park after school.（否定文に）

You didn't[did not] go to the park after school.

(2) She had many books in her room.（疑問文に）

Did she have many books in her room?

(3) He went to the park yesterday.（下線部を every day に変えて）

He goes to the park every day.

94

得点UP アドバイス

◎ 一般動詞の過去形には規則動詞と不規則動詞があるので，注意してね。
◎ 一般動詞の過去形の疑問文は，主語が何人称でも文の始めに Did を置くよ。否定文は主語が何人称でも，主語と動詞の間に didn't[did not]を置くんだね。

3 次の日本文に合うように，[　]内の単語を並べかえましょう。（8点×3＝24点）

(1) あなたは私の弟とどこで遊びましたか。

[brother / did / with / where / play / you / my / ?]

Where did you play with my brother?

(2) 彼らは3年前にアメリカを訪問しましたか。

[years / visit / America / three / did / ago / they / ?]

Did they visit America three years ago?

(3) あなたの妹は先週何をしましたか。

[do / did / week / what / sister / last / your / ?]

What did your sister do last week?

4 次の日本文を英語にしましょう。（10点×2＝20点）

(1) あなたは先週の日曜日に何をもらいましたか。

What did you get last Sunday?

もらう：get

(2) 私は新しいノートをもらいました。((1)の疑問文に対する答え)

I got a new notebook. [I got new notebooks.]

ノート：notebook

答え合わせが終わったら，音声を聞きましょう。

これで レベルアップ

95

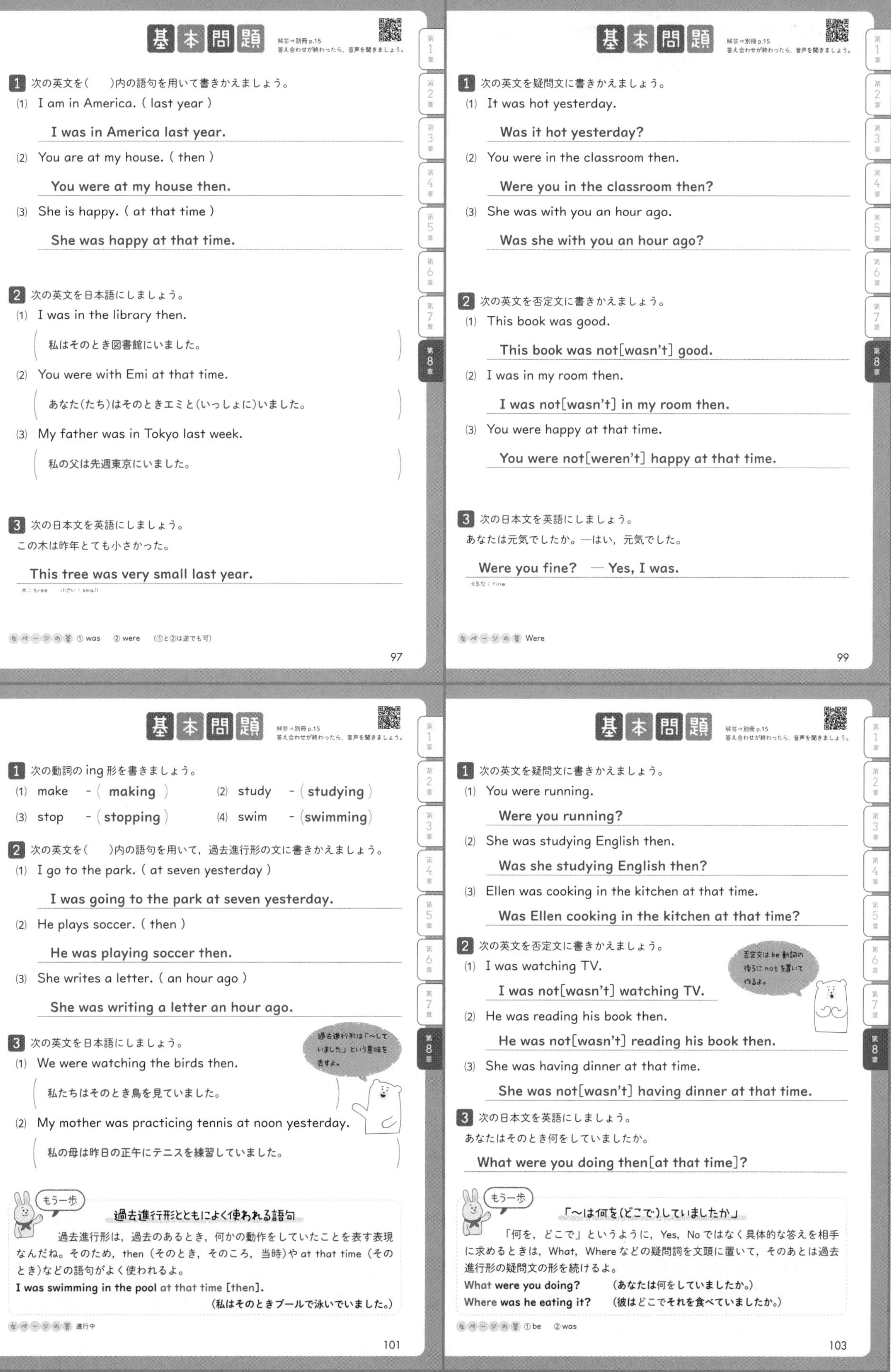

基本問題

解答⇒別冊 p.15
答え合わせが終わったら，音声を聞きましょう。

1 次の英文を（　）内の語句を用いて書きかえましょう。

(1) I am in America. (last year)

I was in America last year.

(2) You are at my house. (then)

You were at my house then.

(3) She is happy. (at that time)

She was happy at that time.

2 次の英文を日本語にしましょう。

(1) I was in the library then.

（私はそのとき図書館にいました。）

(2) You were with Emi at that time.

（あなた(たち)はそのときエミと(いっしょに)いました。）

(3) My father was in Tokyo last week.

（私の父は先週東京にいました。）

3 次の日本文を英語にしましょう。

この木は昨年とても小さかった。

This tree was very small last year.

木：tree　小さい：small

左ページの答 ① was　② were　(①と②は逆でも可)

97

基本問題

解答⇒別冊 p.15
答え合わせが終わったら，音声を聞きましょう。

1 次の英文を疑問文に書きかえましょう。

(1) It was hot yesterday.

Was it hot yesterday?

(2) You were in the classroom then.

Were you in the classroom then?

(3) She was with you an hour ago.

Was she with you an hour ago?

2 次の英文を否定文に書きかえましょう。

(1) This book was good.

This book was not[wasn't] good.

(2) I was in my room then.

I was not[wasn't] in my room then.

(3) You were happy at that time.

You were not[weren't] happy at that time.

3 次の日本文を英語にしましょう。

あなたは元気でしたか。—はい，元気でした。

Were you fine? — Yes, I was.

元気な：fine

左ページの答 Were

99

基本問題

解答⇒別冊 p.15
答え合わせが終わったら，音声を聞きましょう。

1 次の動詞の ing 形を書きましょう。

(1) make -（ **making** ）　(2) study -（ **studying** ）

(3) stop -（ **stopping** ）　(4) swim -（ **swimming** ）

2 次の英文を（　）内の語句を用いて，過去進行形の文に書きかえましょう。

(1) I go to the park. (at seven yesterday)

I was going to the park at seven yesterday.

(2) He plays soccer. (then)

He was playing soccer then.

(3) She writes a letter. (an hour ago)

She was writing a letter an hour ago.

3 次の英文を日本語にしましょう。

(1) We were watching the birds then.

（私たちはそのとき鳥を見ていました。）

(2) My mother was practicing tennis at noon yesterday.

（私の母は昨日の正午にテニスを練習していました。）

もう一歩

過去進行形とともによく使われる語句

過去進行形は，過去のあるとき，何かの動作をしていたことを表す表現なんだね。そのため，then（そのとき，そのころ，当時）や at that time（そのとき）などの語句がよく使われるよ。

I was swimming in the pool at that time [then].
（私はそのときプールで泳いでいました。）

左ページの答 進行中

101

基本問題

解答⇒別冊 p.15
答え合わせが終わったら，音声を聞きましょう。

1 次の英文を疑問文に書きかえましょう。

(1) You were running.

Were you running?

(2) She was studying English then.

Was she studying English then?

(3) Ellen was cooking in the kitchen at that time.

Was Ellen cooking in the kitchen at that time?

2 次の英文を否定文に書きかえましょう。

(1) I was watching TV.

I was not[wasn't] watching TV.

(2) He was reading his book then.

He was not[wasn't] reading his book then.

(3) She was having dinner at that time.

She was not[wasn't] having dinner at that time.

3 次の日本文を英語にしましょう。

あなたはそのとき何をしていましたか。

What were you doing then[at that time]?

もう一歩

「～は何を(どこで)していましたか」

「何を，どこで」というように，Yes, No ではなく具体的な答えを相手に求めるときは，What, Where などの疑問詞を文頭に置いて，そのあとは過去進行形の疑問文の形を続けるよ。

What were you doing?　（あなたは何をしていましたか。）
Where was he eating it?　（彼はどこでそれを食べていましたか。）

左ページの答 ① be　② was

103

確認テスト ⑪

目標得点：70点 / 100

解答⇒別冊p.16

1 次の英文を過去進行形の文に書きかえましょう。（8点×4＝32点）

(1) Tom plays tennis with Ellen.

Tom was playing tennis with Ellen.

(2) Do you take pictures of birds?

Were you taking pictures of birds?

(3) She doesn't have dinner at home.

She was not[wasn't] having dinner at home.

(4) What did you do yesterday?

What were you doing yesterday?

2 次の英文を日本語にしましょう。（8点×3＝24点）

(1) We were at school then.

（私たちはそのとき学校にいました。）

(2) I wasn't studying at that time.

（私はそのとき勉強していませんでした。）

(3) Were you writing a letter in your room?

（あなた(たち)は部屋で手紙を書いていましたか。）

得点UP アドバイス
- run や stop などの ing 形に気をつけてね。
- 進行形の否定文は，be 動詞の後ろに not を置くよ。
- 進行形の疑問文は，be 動詞を主語の前に出すよ。

3 次の英文を，（　）内の指示にしたがって書きかえましょう。（8点×3＝24点）

(1) Were you talking with Emi?（yes で答える）

Yes, I was[we were].

(2) He was in Hokkaido.（否定文に）

He was not[wasn't] in Hokkaido.

(3) Where were you running?（「公園で」と6語で答える）

I was running in the park.

4 次の日本文に合うように，［　］内の単語を並べかえましょう。（10点×2＝20点）

(1) これらの本はおもしろかったですか。
［ books / interesting / were / these / ? ］

Were these books interesting?

(2) あなたはそのとき音楽を聞いていましたか。
［ to / you / music / were / then / listening / ? ］

Were you listening to music then?

答え合わせが終わったら，音声を聞きましょう。

これで レベルアップ

have は進行形になるの？

「持っている」という意味のときの have は進行形にはできないけれど，「食べる」という意味のときの have は進行形にできるんだよ。

会話表現編 COMMUNICATION!　解答⇒別冊p.16

1 体調をたずねる

大切な表現

You look sick.（体調が悪いように見えます。）	「～に見える」というときに用いる表現
What's wrong? [What's the matter?]（どうかしたのですか。）	相手に体調をたずねるときに用いる表現
I feel terrible.（ひどいです。）	自分の体調の程度を伝えるときに用いる表現
I have a headache [cold / fever].（頭痛がします［かぜをひいています／熱があります］。）	自分の症状を伝えるときに用いる表現
Take care of yourself.（お大事にしてください。）	相手を気遣うときに用いる表現
Take this medicine.（この薬を飲んでください。）	相手に指示するときに用いる表現

◎ 次のような場面ではどのようにいいますか。表現を完成させましょう。

(1) 疲れて見えます，と相手に声をかけるとき。

You look tired.

(2) 相手にどうかしたのかたずねるとき。

What's wrong? [What's the matter?]

(3) 体調がひどいことを伝えるとき。

I feel terrible.

(4) 熱があることを伝えるとき。

I have a fever.

(5) 「お大事にしてください。」と相手を気遣って声をかけるとき。

Take care of yourself.

(6) 「この薬を飲んでください。」と指示するとき。

Take this medicine.

答え合わせが終わったら，音声を聞きましょう。

会話表現編 COMMUNICATION!　解答⇒別冊p.16

2 道案内

大切な表現

Excuse me.（失礼ですが。）	見知らぬ人に声をかけるときに用いる表現
I'm looking for Midori Station.（私は緑駅を探しています。）	自分が探している場所を相手に伝える表現
Pardon me?（もう一度おっしゃってください。）	相手がいったことがよく聞きとれなかったときに用いる表現
Let's see.（ええと。）	考えていることを表すときに用いる表現
Go down[along] this street.（この通りを行ってください。）	進んでいく方向を教えるときに用いる表現
Turn left at the second traffic light.（2つ目の信号で左に曲がってください。）	曲がる場所を教えるときに用いる表現

◎ 次のような場面ではどのようにいいますか。表現を完成させましょう。

(1) 見知らぬ人に声をかけるとき。

Excuse me.

(2) 緑公園(Midori Park)を探していると相手に告げるとき。

I'm[I am] looking for Midori Park.

(3) 相手のいったことがよく聞きとれなかったとき。

Pardon me?

(4) 考えていることを表すとき。

Let's see.

(5) 「この通りを行ってください。」と相手に伝えるとき。

Go down[along] this street.

(6) 「3つ目の信号で右に曲がってください。」と相手に伝えるとき。

Turn right at the third traffic light.

答え合わせが終わったら，音声を聞きましょう。

会話表現編 COMMUNICATION!

解答⇒別冊p.17

3 電話での応答

大切な表現

Hello.（もしもし。）	電話をかけたときや受けたときに用いる表現
This is Emi.（こちらはエミです。）	電話で自分の名まえを伝える表現
Can I speak to Ken?（ケンさんをお願いできますか。）	電話で話したい相手の名まえを告げるときに用いる表現
Speaking.（私がケンです。）	自分が告げられた名まえの人物であることを伝える表現
What's up?（どうしたのですか。）	電話の用件についてたずねるときに用いる表現
Can you help me with my homework?（私の宿題を手伝ってもらえませんか。）	相手に何かを依頼するときに用いる表現

◎ 次のような場面ではどのようにいいますか。表現を完成させましょう。

(1) 電話をかけて相手が出たとき。

Hello.

(2) 電話で自分の名まえがトム(Tom)であると告げるとき。

This is Tom.

(3) 電話でエレン(Ellen)をよび出すとき。

Can I speak to Ellen?

(4) 自分がよび出された人物であると答えるとき。

Speaking.

(5) 電話の用件をたずねるとき。

What's up?

(6)「私の宿題を手伝ってもらえませんか。」と頼むとき。

Can you help me with my homework?

答え合わせが終わったら，音声を聞きましょう。

実力テスト

解答⇒別冊p.17

1 次の日本文に合うように，(　)内から正しいものを選びましょう。（4点×6＝24点）

(1) 彼は学校へ行きます。
He (go / going / (goes)) to school.

(2) あなたのお姉さんは犬が好きですか。
(Do / (Does) / Are) your sister like dogs?

(3) 私たちは日本語を勉強しています。
We are (study / studies / (studying)) Japanese.

(4) 彼女は昨日英語を勉強しました。
She (studies / study / (studied)) English yesterday.

(5) なんておもしろいのだろう！
(What / Why / (How)) interesting!

(6) 私はそのとき音楽を聞いていました。
I (am / were / (was)) listening to music then.

2 次の英文を日本語にしましょう。（6点×4＝24点）

(1) How many birds can you see?
（あなた(たち)は何羽の鳥が見えますか。）

(2) What time is it now?
（いま何時ですか。）

(3) She is good at singing songs.
（彼女は歌を歌うことが得意です。）

(4) Don't open this door.
（このドアを開けないで。）

3 次の疑問文に合う答えの文をあとから選び，記号で答えましょう。（4点×4＝16点）

(1) Why did you come?　(2) When did you go?

(3) Where did you visit?　(4) How old are you?

(1)（ エ ）　(2)（ イ ）　(3)（ ア ）　(4)（ ウ ）

ア America.　イ Last week.

ウ I'm ten years old.　エ Because I was free.

4 次の日本文に合うように，[　]内の単語を並べかえましょう。（6点×3＝18点）

(1) あなたはかばんの中に何を持っていますか。
[have / your / bag / what / you / in / do / ?]

What do you have in your bag?

(2) あなたは何の本を読んでいるところですか。
[book / reading / you / what / are / ?]

What book are you reading?

(3) あなたはお茶を飲みたいですか。
[drink / to / tea / you / want / do / ?]

Do you want to drink tea?

5 次の日本文を英語にしましょう。（9点×2＝18点）

(1) 彼らは今日忙しく見えます。

They look busy today.

忙しい：busy

(2) 昨日は晴れていませんでした。

It was not[wasn't] sunny yesterday.

答え合わせが終わったら，音声を聞きましょう。